TEAM LEADERSHIP

일잘러 팀장의 고군분투 팀장 스토리

회사 다니다 보니 팀장이 되었다

백신영 · 유재호 · 박예희 · 이혜승 지음

박영story

최선을 다해 바쁜 일상을 살아내고 있는 이 시대 모든 팀장님들 안녕하십니까?

가정도, 회사도, 내 자신도 여러 관점별로 챙겨야 할 것이 많은 나이에 시대까지 예측불가하니 제정신 차리고 살아가는 것이 쉽지 않은 상황입니다. 나 하나도 제대로 챙기기 힘든 이 시대에 갑자기 디지털 트랜스포메이션, 코로나 사피엔스, 온택트 회의 등 이런 단어들이 다 웬말입니까? 하지만 숨막히게 변화하고 있는 그 시간 속에서도 누구나 더 나은 리더가 되고 싶어하고, 더 행복한 내 인생을 만들어가기 위해 꾸준한 관심과 노력을 기울입니다.

필자는 "건강한 리더만들기"라는 핵심 키워드를 가지고 움직이는 회사를 운영하고 있습니다. 그 안에서 내·외면 모두 건강한 리더가 될 수 있도록 돕는 것에 진심입니다. '팀장리더십코칭'이라는 과목도 운영하고 있지만, 코칭이란 잘 지도하고 지원하는 것 뿐만 아니라, 팀원들이 자체적으로 일어설 수 있는 자생력을 갖게 해주는 것이 중요한 개념입니다.

하버드 대학 교수, 실용주의자, 미국 기능주의 심리학 학과 창시자이며

'미국 심리학의 아버지'라 불린 윌리엄 제임스(William James) 교수팀의 연구에서 동기부여 코칭 활동이 없는 조직에서의 종업원의 능력발휘는 20~30% 밖에 되지 않지만, 동기부여 코칭 활동이 활발한 조직에서의 종업원의 능력발휘는 80~90% 정도까지 성장한다고 합니다. 이렇게 리더의 동기부여 코칭 유무에 따라 다른 결과물을 나타내고 있으며, 그 동기부여는 너무나 다양한 형태로 조직 내에 존재합니다.

이 책은 22년간 현장에서 수많은 리더들과 함께 호흡하면서 요즘 리더들이 힘들어하는 상황들을 선정했고, 요즘은 '좋은 게 좋은 거지' 형태로 면담할 수 없는 수준의 현상들이 많기 때문에 '이럴 때 기본적으로 알아두면 좋을 만한 법적 이슈까지 함께 어떻게 면담에 담아낼 수 있을까'에 힘을 실으려고 리더십 전문가들 외 노무사분과 함께 기존 팀장리더십 서적들과 조금은 색다른 집필과정이 진행됐습니다.

지금은 팀장이라고 희생과 헌신만을 요구하는 것이 아니라 팀장 자신의 삶도 소중하게 성장시키며, 팀원도 함께 이끌어가는 것이 중요한 동반성장의 시대입니다. 같은 면담이라도 어떻게 코칭리더십으로 내용전달을 해야 하는지? 객관적 사실도 중요하지만 팀원을 대하는 마인드 자체의 관점이 어때야 하는지? 그렇다면 나 자신은 어떤 리더로서 존재하는지? 나는 어떤 사람인지? 등 현실 팀장이 겪고 있는 다양한 상황에 대해 다루고 있습니다.

PART 1. 팀원 육성은 사람의 성장과 동기부여에 초점이 맞춰져 있고, PART 2. 팀 문화는 회식, 회의, 추가근무, 성희롱 예방 등 조직문화에, PART 3. 팀 운영은 입사, 근태, 육아휴직, 정리해고 등에 대한 현실적인 이야기들이 들어 있습니다.

에노모토 히데타케의 코칭철학에서 '사람은 누구나 성장을 향한 무한한 가능성을 갖고 태어났다'는 존재론적 관점을 이야기합니다. 팀장리더십은 단순 문제해결의 관점으로만 보는 것이 아니라, 팀장 자신이 행복하게 살고 싶은 만큼 진정 팀원들 한 명 한 명의 삶도 그러할 것이라는 관점하에 전인적 시각으로 바라보며 '성장, 지원, 동기부여, 성과' 이런 단어들과 가깝게 지내야 할 것입니다. 회사 다니다 보니 팀장이 되셨나요? 팬데믹 시대 이후 HRD는 더욱더 '사람'이라는 본질로 집중하고 있습니다. 이 책에서 팀장리더십의 모든 부분을 다루진 못하겠지만 리더로서의 자생적인 즐거운 변화의 길을 걸을 수 있도록 여러분을 진심으로 도울 것입니다.

'이너게임(Inner Game)의 3요소인 인지, 신뢰, 선택은 서로 연관돼 있다. 인지는 현재의 상태를 확실히 알되 자신을 평가, 비난하지 않는 것이고, 신뢰는 자신의 타고난 역량을 믿는 것이며, 선택은 자신이 원하는 곳으로의 이동을 선택하고 책임지는 것이다. 변화는 고통스러운 것인가? 그렇지 않다. 타인에 의해 통제되거나 평가받지 않으면서 자신을 변화시킬 수 있을 때 변화는 하나의 즐거운 체험이 될 수 있다.'

– 티모시 골웨이(Timothy Gallway)의 [이너게임] 중

어제보다 더 나은 팀장이 되기 위한 여러분의 인지, 신뢰, 선택을 응원합니다!

2022년 6월의 어느 멋진 날에
HRD아트컨설팅 '건강한 리더만들기'에 진심인 백신영 대표

조직의 성패는 팀으로부터 비롯된다. 그런 면에서 팀장의 리더십이야말로 조직의 성패를 좌우하는 핵심이다. 4인의 저자가 회사운영과 컨설팅을 통해 경험으로 축적한 팀장리더십론이 매우 신선하고 현장감있게 다가온다. 일독을 권한다.

– 前 대한석탄공사 사장/한국강사협회 회장 조관일

인간의 행동은 사상이나 철학보다도 상황에 영향을 더 크게 받는다. 따라서 조직에서 팀원들의 행동은 팀장이 어떠한 상황을 만들어 가느냐에 따라 달라질 것인데, 가치관이 다른 팀원들과 호흡하며 바람직한 중간관리자로서 역할을 하기가 예전보다 더 어려워지고 있다. 이 책은 팀장들이 풀어가야 할 문제의 해법을 노무적인 지식까지 합쳐 실질적인 이야기를 통해 가이드 하고 있어 지금 시기에 꼭 필요한 안내서가 될 것이라 생각한다.

– KMAC 한국능률협회컨설팅 오진영 부사장

팀장이 되기 싫은 밀레니얼들에게 그럼에도 불구하고 리더십을 발휘해야 하는 이 시대의 팀장들이 무엇을 알아야 하고 어떻게 해야 하는지를 기존의 어느 팀장 리더십을 이야기하는 책보다도 사실적으로 그리고 활용 가능하게 써준 의미 있는 책!

– LS일렉트릭 비전실/DX팀 박재은 Senior Manager

팀장의 역할은 정해져 있지만 시시때때로 생겨나는 다양한 문제들을 직면할 때, 이렇게 해야 한다고는 그 누구도, 어디서도 알려주지 않았습니다. 그래서 많은 팀장들이 공감할 수 있는 내용일 것 같아요. 대학병원 교육팀 5년차 팀장인 저에게도, 특히 새롭게 팀장이 되신 분들께서 꼭 읽어보셨으면 좋겠어요.

– 아주대학교병원 교육인재개발부 아카데미팀 정서진 팀장

어려움을 겪는 팀장들에게 도움이 되는 책. 사례가 너무 와 닿아서 고개를 끄덕이면서 읽었습니다. MZ세대와 함께 해야 하는 현실적인 조언과 법적인 사례까지 나와있는 유일한 책이 아닐까요?

– GC녹십자 브랜딩실 이성범 팀장

비단 직장만이 아니라, 인간이 관계맺는 모든 곳에서 우리는 팀장을 만난다. 이 책은 인간관계론의 여러 개념을 내포하면서도 내용이 실용적이다. 특히 현실 속에서 대조되는 두 속마음을 읽다 보면 심리적 해법서처럼 가독성이 높아진다. 건강한 성장을 원하는 그 누구든 일독을 권하고 싶다.

– 서울신용보증재단 창업지원팀 박성희 책임전문위원

격변하는 시대에 필요한 리더와 리더십이 무엇일까? 다원주의적 가치를 존중하면서 공유된 목표를 달성하기 위해 모든 팀원의 마음을 이해하고 긍정적인 영향력을 미치는 방법이 없을까? 이 책에 유익하고 현실적인 해답이 담겨 있다.

– 국립외교부 교수부 진 리(陈 莉) 교수

이 책은 예언서다. 미래의 내가 겪게 될 상황과 고민에 대해 자세히 묘사 되어 있다.

이 책은 참고서다. 80년대생 10년차, 일명 낀 세대 중간 관리자로, 위아래 이해의 폭을 넓혀 준다.

이 책은 거울이다. 팀장의 관점에서 내 행동이 어떻게 보였을지 적나라하게 말해준다.

- GS건설 건축수행본부 이승현 전임

인사발령 나던 그날만 기뻤던 조직장 1년차. 좌충우돌 중인 저와 같은 분들께 팀장 관점 속마음 vs 직원 관점 속마음의 차이를 알아채는 것만으로도 이미 많은 도움을 받으실 거라 확신합니다. 그리고 이제는 과거 제 팀장님들께 소심히 고백해 봅니다. 죄송하다고. 감사하다고. 당신의 그 위치가 되어보니 그제야 알겠더라고.

- 한화시스템 서비스혁신팀 고주형

「회사 다니다 보니 팀장이 되었다」는 현실적으로 필요한 코칭이 무엇인지를 기존과는 다른 관점과 구체적인 표현으로 쉽게 알려주고 있습니다. 이는 저를 포함한 좋은 리더, 현명한 팀장이 되기를 열망하는 사람들에게 행운(또는 치트키) 그 자체가 될 것입니다.

- 한국오츠카제약 마케팅본부 박현수 본부장

"이 책을 읽고 나면, 당신은 어느새 훌륭한 리더가 되어 있을 것입니다."

이 시대를 살아가는 팀장이 갖춰야 할 리더십을 누구나 공감할 수 있도록 쉽게 풀어낸 책입니다. 다년간 현장에서 수많은 리더들과 호흡한 HRD 열정가 백신영 대표의 찐 노력이 느껴집니다.

- LG전자 온라인커머스운영팀 김태수 책임

언제 어디서나 당당한 팀장이자, 리더로서 치열한 고민과 헌신적 노력을 몸소 실천해 온 저자를 오랫동안 지켜봤기에 글 이상의 깊이와 울림이 느껴진다. 현장의 많은 팀장들이 팀원들과 자연스레 융화되며 진정한 팀장으로 거듭 태어나는 포문을 열어주는 특별한 책이다.

– 현대카드캐피탈 기획조사팀 강성호 Manager

우리는 언젠가는 팀원이 많든 적든 누군가를 이끌어 나가야 하는 팀장이 됩니다. 팀과 팀원들을 이끌고 성장시키는 동시에, 스스로도 성장해야 하는 팀장이라는 자리에서 마주치게 될 많은 어려움과 고민들에 대한 조언을 담은 보석 같은 책을 만나게 되어 기쁩니다. 변화와 성장이 고픈 우리 모두에게 필요한 책입니다.

– 현대자동차 Innovation담당(BizDev팀) 권진영 책임매니저

'내가 술 먹고 한 뒷담화를 누가 들었는지?' 속마음을 들킨 것만큼 현실적인 사례들. '당장' 활용할 수 있는 '진짜' 리더십 노하우로 시종일관 어퍼컷을 날려버리는 저자들. 팀원들이 내 자리에 올려놓진 않을까 초조한, 그러나 나도 상사 자리에 올려놓고 싶은 책!

– 인터컴 기획부 서상희 파트장

팀원 역할만 하다가 갑자기 중간 관리자 역할을 맡게 된 저와 같은 초보 리더님들에게 가이드북이 될 수 있는 책입니다. 지도 없이 여행하는 건 너무 힘들지만, 앞서 가던 사람들의 발자취를 참고하면 훨씬 더 효율적으로 갈 수 있으니까요. 이 책을 지도 삼아 가보시길 권해드립니다. 이 세상 모든 팀장님들 화이팅입니다!

– 삼성전자 DS부문 인재개발그룹 정혜령 CL3(차장)

목 차

PART 03 팀 운영

01

팀원 육성

Development

CHAPTER 1

VS

너는 일을 왜 하니?

글쎄요, 저도 왜 하는지 모르겠네요?

이 대리! 지난주, 지지난주도 고객사 미팅 할 때 말실수 하고, 메일도 다른 첨부파일 보내서 일일이 전화드려서 사과드린 적도 있고. 원래 그러는 사람이 아닌데 요즘 왜 이렇게 실수가 잦은거야? 개인적으로 무슨 일 있어?

그러게요. 죄송합니다. 귀신에 홀린건지... 분명 대답했던 것도 기억하는데 왜 이렇게 된건지...

A社 신사업개발팀은 너무 바쁜 일정을 소화하고 있는 게 기특하다 싶을 정도로 힘든 업무강도가 이어지고 있다. 우리 팀으로 온 지 3개월 밖에 안 된 이 대리. 전에 있던 팀에서 근무할 땐 이 정도는 아니었는데 새로 온 신사업개발팀은 정말 하루가 어떻게 가는지 모르겠다며 정신없어 하는 모습이다. 우리 팀에 인재가 필요한데 좀 분석적이고, 추진력도 있는 인재를 필요로 하다보니 전팀에서 그런 호평을 받았던 이 대리가 적임자라 생각되어 발령을 온 상태다. 쏟아지는 메일, 불이 나는 전화, 박터지는 회의, 수시로 진행되는 임원보고 페이퍼웍, 부동산지식, 개발예정지 포인트 발굴, 현장소통 등 숨이 턱턱 막히는 것이 우리 팀의 현실이다. 하루는 다른 직원과 복도를 지나가다가 이 대리가 전에 있던 팀의 팀원과 우스갯소리로 나누는 대화를 들었다. '이렇게 워라밸도 없이 에베레스트산처럼 쌓여있는 업무를 해야 했다면 차라리 전 팀에서 인정받지 말 걸 그랬어요.'란 생각이 들 정도로 요즘 지친다고 말이다.

차 팀장: 이 대리! 이거 지난주에 상무님께서 이 방법으로 정리하지 말라고 피드백 하셨던 내용인데 왜 똑같은 툴로 정리가 됐지?

이 대리: 아! 맞다. 죄송합니다. 분명 말씀주셨을 때 메모해뒀었는데 맨날 하던 방식이 익숙하다보니 아무 생각 못하고 하던대로... 죄송합니다. 바로 다시 정리해서 드리겠습니다.

차 팀장: 다시 정리하는데 얼마나 걸리겠어? 30분 있다가 상무님 보고 들어가야 하는데 그 전까지 가능해? 그리고 들어가기 전에 내가 한번 더 보고 나도 정리를 하고 들어가야 하는데 이렇게 되면... 하아.... 참... 암튼 얼마나 걸려?

이 대리: 30분 후요? 그 안에는 못 하는데... 아무리 집중해서 한다고 해도 1시간은 주셔야 될 것 같습니다. 데이터도 너무 많고, 상무님이 말씀하신 툴대로 정리하면 페이지도 좀 더 많아져서요.

차 팀장: 아니 그러니까. 내가 월요일에 회의할 때도 상무님 말씀하신거 기억하고 그렇게 정리하라고 얘기했었잖아? 아니 이 대리가 대답도 시원하게 해놓고서는 왜 이렇게 정리를 한거야 대체? 가뜩이나 요즘 상무님 심기 안 좋으신데, 또 한소리 듣게 생겼네.

이 대리: 그러게요. 귀신에 홀린건지... 분명 대답했던 것도 기억하는데 왜 이렇게 된건지...

차 팀장: 이 대리! 지난주, 지지난주도 고객사 미팅 할 때 말실수하고, 메일도 다른 첨부파일 보내서 일일이 전화드려서 사과드린 적도 있고, 원래 그러는 사람이 아닌데 요즘 왜 이렇게 실수가 잦은거야? 개인적으로 무슨 일 있어?

　차 팀장은 답답하다. 발령나서 오자마자 업무가 몰아치는 팀 상황이라 지치고 힘들거라는건 안다. 하지만 일 잘하는 직원이라서 우리 팀으로 온 인력이라 업무 전에 방향성, 목적 등에 대해서 말해주면 알아서 이해하고 몰입할 것이라 생각했고, 그 정도의 업력이면 분명 믿고 맡기고 싶은데 '권한위임'이라는 것은 생각지도 못할 일이다. 시간이 갈수록 눈에 초점도 없어지는 것 같고, 생각없이 하루하루를 쳐내고 있는 것 같은 느낌이라 걱정이다. 지금 하고 있는 일이 얼마짜리 예산이 들어가는 일이고, 이 업무가 회사에 어떤 영향력을 미치는지, 우리 팀이 신사업 아이템을 어떻게 고민하고 개발하느냐에 따라 회사의 미래가 걸려있다고 해도 과언이 아닌데 그냥 귀에 들리는대로 일하고 있는 모습이 한심하다. 게다가 사원도 아니고 대리 정도 됐으면 더 알아서 해내야 할텐데 전체적인 그림없이 수동적으로 업무에 임하는 태도에 속이 터진다.

요즘 팀장님들과 대화하다 "직원들이 스스로 일을 고민하고 찾아서 좀 하면 좋을텐데요. 그죠?"라고 물으면 돌아오는 대답은 거의 "아뇨. 그냥 시키는 일만이라도 제대로 해왔으면 좋겠습니다. 대체 생각을 하면서 일을 하는건지 속상할 때가 많아요."라고 말합니다.

단순히 상사가 시키는 일을 하는 것이 일을 잘한다고 생각하는 것이 아니라, 내가 어떤 일을 하고 있는지, 내가 어떤 위치에서 회사와 사회에 어떤 의미있는 일을 하는 것인지에 대한 큰 그림을 보고, 그 안에서 나의 역할을 정의하고, 업무의 동기를 찾고, 성장해 나가는 것이 아주 중요한 일입니다. 직원들 曰, "생각이라는 걸 하고 살면 '난 누구? 여긴 어디?'라는 생각이 자꾸 들어서 힘들고 허무해서 전 그냥 생각 안하고 시키는대로 일하는 게 베스트인 것 같아요."라고 말합니다. 틀린 말이 아닐 수도 있다. 현 시대가 적은 인원으로 최고의 결과물을 내려고 하는 상황이다 보니 쉽지 않은 경영환경 속에 놓여져 있는 경우가 많습니다.

<Start with Why>라는 책을 쓴 저자이며 미국의 유명 컨설턴트이자 영향력있는 인플루언서인 사이먼 사이넥(Simon Sinek)은 'Why' 하나로 아마존에서 최장기 베스트셀러 작가가 됐습니다. 이 책에서 이야기하고 있는 것은 우리가 무언가에 임할 때 생각의 방향이 얼마나 중요한지에 대해 이야기하고 있습니다. 사실 팀의 리더인 팀장이 이러한 부분의 정리가 되어있지 않다면 팀원들에게 이런 코칭을 해주기란 현실적으로 불가하다고 봐야 합니다. 그런데 실제 거의 모든 기업의 팀장들은 현업을 하루하루 제대로 쳐내기 바빠(찐 현실용어를 사용함) 정신없는 것이 현실입니다. 그러다 보니 차 한잔 마시며 나 혼자 조용히 생각을 정리할 시간을 내는 것 조차

여유롭지가 않죠? 그러나 더 늦추지 말고 이 생각의 방향은 체크해봐야
할 부분입니다.

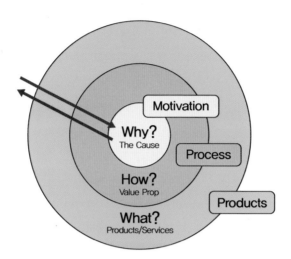

Simon Sinek의 Golden Circle Concept

Why	The Cause, Purpose	왜 이 일을 하는가 : 가치관, 믿음, 비전, 존재 이유, 동기부여 등 　일/프로젝트의 궁극적인 목적
How	The Process	어떻게 하는가 : 프로세스, 차별화 포인트 등의 　'Why'를 실천하기 위한 구체적인 방법
What	The Result	무엇을 하는가 : 'Why'의 결과로 나온 제품이나 서비스로 　일반적인 사람들은 'What'에 집중

사이먼 사이넥은 대부분의 사람들은 What만 하며 살고, 조금 더 많은 사람들은 How 정도까지 생각하고, 극히 일부의 사람들은 Why로부터 출발한 동기부여를 하며 산다고 얘기합니다. 앞의 그림으로 얘기해본다면 대부분의 사람들은 생각의 방향이 파란색 화살표라고 하고, 일부의 사람들은 빨간색 화살표대로 생각의 방향을 가지고 살아간다고 합니다. What은 매일 떨어진 업무, 오늘 해내야 하는 닥친 일들, 삶의 우선순위에서는 벗어나지만 하고 있는 반복적인 일들 등이 여기에 해당됩니다. 회사에서도 우리는 닥친 업무들을 해내느라 바빠 전략적·효율적으로 일하지 못하고 열심히만 하는 사람들을 많이 볼 수 있습니다. 여기서 How를 생각할 줄 아는 사람들은 같은 시간이어도 더 높은 성과물을 만들고, 목표달성을 하게 됩니다. 그러나 그렇게 What과 How를 챙기며 살더라도 Why가 잡혀있지 않은 상태에서 아래 두 가지를 이행했다면 같은 회사에서 10년, 15년 일했다 하더라도 문득 나에게 드는 생각은 '나는 누구? 여긴 어디?'라는 생각이 들게 마련입니다. 그래서 그제서야 정신차리고 '이제부턴 내가 살고 싶은 삶을 살겠어'라고 외쳐보지만 내가 무엇을 할 수 있는지 돌아보니 '난 그냥 회사업무 외에는 할 수 있는 게 없는 사람이에요'라고 얘기하는 경우도 많이 볼 수 있습니다.

하지만 회사에서 일을 할 때 구매담당이든, 디자인 담당이든 내가 '왜 이 일을 하는가?'를 생각해봐야 합니다. 예를 들어, 디자인 담당자라면 '나는 어릴 때부터 미술을 너무 좋아했는데, 기업의 가치와 소비자들의 마음을 움직일 수 있는 디자인을 하는 것이 얼마나 매력적인 것인지 알게 되어 지금의 직업을 선택했고, 내가 만든 이 패키지가 길거리 어딘가에서 보여지고, 사람들의 가방 안에서 꺼내어질 때 그 행복감이란 이루 말할 수 없을거야.'라는 생각 말이다. '아... 나는 단순 디자인을 내일까지 해내야 하는 사람이 아니라 그 디자인 상품을 구매한 사람의 마음에 힐링을 주고 많은 사람들에게 위안이 되어주는 일을 하고 있구나.' 야근을 할 때에도 어떤 생각과 관점을 갖고 일을 해야 조금 가벼운 마음으로 임할 수 있을까요? '모두 현 시대에 지쳐가고 있을 때 내 디자인 하나가 이렇게 사람의 마음을 살릴 수 있는 일이구나. 힘들지만 가치있다는 마음으로 존버하자!'라는 생각을 가지며 야근에 임하는 것은 다른 얘기입니다.

그럼 이런 내가 하고 있는 일의 큰 그림을 그리고 '일의 의미(Meaning)'를 찾았다면 내 삶도 중요하니 더 행복한 방법을 찾아야겠죠? 가끔 야근할 때도 있겠지만 제 시간에 퇴근하기 위해 How를 찾아야 합니다. 어떻게 하면 제 시간에 퇴근할 수 있게끔 협업시스템을, 보고시스템을 효율적으로 관리할 수 있을까? 업무 몰입시간대는 어떻게 만들어야 할까? 등을 찾아 일을 하는 것입니다.

그리고 그 How로 일하기 위해 나는 이번주까지, 오늘까지는, 오늘 오전까지는 무엇을 해야 하는지 등을 나눠 나노적으로 생각하다 보면 What 또한 의미있어질 수 있습니다. What만을 위해 하루하루 작은 일들을 쳐내는 것이 아니라 이 What을 해냄으로써 How를 채우고 있고, How까지 채우니 Why가 충족되어 내가 지금 하고 있는 일에 자부심을 느끼고, 성장욕구가 발현되며, 동기부여까지 연결될 수 있습니다. 이 생각의 방식(앞 그림의 빨간색 방향)은 일의 재미를 느끼게 할 수 있으며, 시간을 헛되이 쓰고 있지 않다는 생각을 할 수 있게 해주는 좋은 툴입니다.

팀장님들부터 이런 개념들을 먼저 알아야 하는 게 맞습니다. 그럼 팀장은 왜 이러한 배경을 알아야 할까요?

TED 강연 중 'How great leaders inspire action'이라는 것을 보면 참고할 수 있으며 강연의 내용을 정리해보면 이 골든 써클 컨셉은 생물학 원리로부터 도출된 것으로 우리의 뇌도 3개의 골든 서클과 비슷하게 구성되어 있다고 합니다. 진화 과정상 늦게 발달된 이성적 판단은 뇌 외각의 신피질에서, 생존을 위한 의사결정과 감성은 뇌 내부의 오래된 구피질에서 담당한다고 합니다. 그래서 어떤 행동을 결정할 때 감성(Why에 해당)으로부터 시작하여 논리로 가는 것은 수월하지만, 논리(What, How에 해당)가 먼저 앞서면 감성은 이를 거부하는 경우가 생길 수 있게 된다고 합니다. 곧 이 결과는 내가 느끼고, 동기가 터치되면 내가 맡은 일을 의미있게 하게 된다는 것입니다. 그래서 팀장은 팀원들을 움직이고 일하게 하려면 내부의 Why로부터 신념/목적/감성을 끌어내야 한다는 것입니다. '당신이 하는 일이 아니라 당신이 하는 이유, 왜 당신이 이 일을 맡게 되었는지, 그 탁월한 능력을 얘기해주는 것' 이것이 사람을 움직이게 하는 힘입니다.

주인의식도 목적의식도 없는 직원 코칭

일이 바쁘다보면 설명을 해줘도 자신이 듣고 싶은 것만 듣는 선택적 경청을 하거나 흘려들으려고 그러는 것은 아니겠지만 직원들은 부서의 방향성과 팀장의 설명 등을 잘 잊는 경우가 있습니다. 정말 바빠서일 수도 있고, '굳이 내가 아니어도 어떤 사람이 이 자리에 있어도 이 일을 맡기겠구나...' 하는 생각에 그리 주도적인 마음이 들지 않기 때문일 수도 있고, 여러 가지 환경과 조건 속에 놓이게 될 것입니다.

팀장은 하나의 업무를 시키더라도 작은 동기부여를 잘 할 줄 알아야 합니다. 이 일은 왜 하는지? 회사에서 얼만큼 중요하게 생각하는 부분인지? 어떤 방식으로 하면 좋을지? 그러려면 무엇부터, 어떻게, 언제부터 시작하는 게 좋을지? 등에 대해서 이야기해주고, 그 뒤에 하나만 더 붙이는 습관을 들이면 좋습니다. 팀장의 앞에 앉아있는 직원에게 그 직원이 왜 맡게 됐는지? 그리고 그 직원만이 갖고 있는 탁월성을 언급하며 이 업무를 맡기에 어떤 부분 때문에 적합하다고 생각되어 불렀는지 등에 대해서 말입니다. 그리고 그로 인해서 어떤 성장을 할 수 있게 되는지 등에 대해 상세히 이야기 나눠주십시오.

WHY	이 업무를 왜(WHY) 하는지 설명해주세요. 회사에서 글로벌 10대 기업으로의 성장을 위해 향후 5년 내에 우리가 어떤 포지션에 들어갈 수 있을지를 결정할 수 있는 업무라 모든 경영층에서 관심과 열정을 쏟고 있다. → (우리 팀 상황에 맞게 작성해 봅시다)
HOW	이 업무를 어떤 방식(HOW)으로 할 것인지 설명해주세요. 조직 내에서 워낙 기대치가 커서 TFT가 만들어질 것이고, 팀당 1명씩 배정이 되기로 했으며, 6개월간 진행될 예정이다. → (우리 팀 상황에 맞게 작성해 봅시다)

WHAT

이 현상을 위해 우리 팀은 지금 무엇(WHAT)을 해야 하는지, 그 안에서 ○○는 무엇을 하게 될 것인지, 그로 인해서 어떻게 성장하게 될 것인지에 대해서 함께 이야기 나누세요.

→ (우리 팀 상황에 맞게 작성해 봅시다)

WHO

위에서 논의한 무엇을 누가(WHO) 할 것인지 논의하세요. 팀 구성원 중 누군가 TFT로 가면서 업무를 나눠야 한다면 누가 어디까지 맡아서 책임질 것인지 정확히 나눠 모호함이 없도록 결정합니다.

→ (우리 팀 상황에 맞게 작성해 봅시다)

CHAPTER 2

VS

너는 왜 주인의식이 없니?
저는 일개 직원이에요.

15년간 OO회사에서 근무한 박 팀장은 영업목표 달성에 큰 어려움을 겪고 있다. 매해 쉽지는 않았지만 그래도 꾸준하게 성과를 달성해 왔는데 올해는 사정이 특히 심각하다. 가뜩이나 성과가 나지 않아 스트레스를 받는 상황에서 오늘 아침엔 본부장마저 실적을 압박하고 있다.

　하지만 입사 4년이 다 되어가는 김 대리는 이러한 팀의 급박한 상황을 전혀 모르는 것 같다. 매사에 의욕이 없고 일을 시키기만 하면 계속 불만만 표시한다. 2~3년 차까지는 열심히 한 것 같은데 최근에는 목표를 채우지도 못하는 상황이다. 박 팀장은 어떻게 말을 해야 할지 고민하다 팀 회의를 소집했다.

박 팀장: 우리 팀 실적이 이대로 가다가는 꼴찌를 면하기 어려울 것 같아요. 본부장님도 많이 걱정하시는데 열심히 해보죠. 김 대리는 지금 진행 중인 업체들은 언제쯤 마무리 될 것 같나요?

김 대리: 제가 지금 진행 중인 2곳은 매출액도 적고 저희 서비스가 필요 없을 것 같은데... 어려운 상황인 것 같습니다. 좀 더 시간이 필요할 것 같습니다.

박 팀장: 지난주에도 시간을 달라고 한 것 같은데... 왜 진행이 안 되는 걸까요?

김 대리: ……

　박 팀장은 묵묵부답으로 대답하는 김 대리가 못마땅하다. 회의시간 중에도 계속 '목표는 팀장이 알아서 하세요.' 하듯 딴청부리는 김 대리를 보니 더 분통이 터진다. 지금은 크게 이슈는 없지만 이번에 새로 들어온 신입사원도 조금씩 김 대리를 따라 동기가 떨어지는 것처럼 느껴지는 상황이다.

팀장님이 생각하는 가장 좋은 팀의 모습은 아마도 '팀장이 나서지 않아도 알아서 하는 팀'일 것입니다. 알아서 척척 일을 찾아서 하고, 알아서 회의도 하고, 스스로 실적도 만들어 낸다면 생각만으로도 참 즐거운 일입니다. 하지만 현실의 팀은 조금 다르기 마련입니다.

대부분 회사원들은 입사하면 맡겨진 일을 열심히 합니다. 신입직원 연수를 받고 온 직원들의 경우 동기부여가 잔뜩 되어 업무를 시작하고, 그렇게 동기부여가 된 채로 업무를 하며 성공하기도 실패하기도 합니다. 이런 상황에서 누군가는 지속적으로 동기를 유지하며 업무를 하게 되고 또 누군가는 동기가 떨어져 사례에서 본 김 대리처럼 수동적인 태도를 보이기도 합니다.

그렇다면 실제 조직에서 동기가 떨어진 사람들을 만날 확률은 얼마나 될까요?

직장인과 알바생 1,030명 대상 조사•에서 54.9% 이상 응답자가 직장 내에 업무참여도가 낮고 무임승차하려는 프리라이더 동료가 있다고 했습니다. 즉 50%의 확률로 팀 내에 동기가 떨어지는 사람이 있을 수 있다는 것이 현실입니다.

더불어 이러한 동기가 떨어지는 사람은 그 자체로만 문제가 끝나는 것이 아닙니다. 이러한 상황으로 인해 다른 팀원에게도 피해가 가게 되는데, 이러한 프리라이더로 인해 극심한 스트레스를 받는다(47.1%)거나, 실제로 해야 할 일이 많아졌다(46.9%) 등의 조직적인 이슈까지 발생하게 됩니다.

• 직장인 · 알바생 54.9% "일 안 하는 프리라이더 있다" (파이낸셜뉴스, 2019.11.2.)

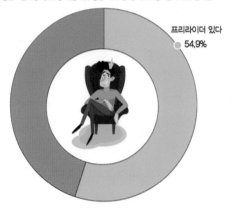

직장인 · 알바생 54% '프리라이더 있다'

※ 직장인 · 알바생 1,030명 대상 복수응답 조사 결과, 자료제공: 잡코리아X알바몬

프리라이더 있다
54.9%

그렇다면 어떻게 팀원들이 열정적으로 일을 하게 될까요?

어떻게 하면 우리 팀에 이런 프리라이더를 줄일 수 있을까요?

그 비밀을 알아내기 위해 '동기'라는 개념을 차근차근 알아보도록 하겠습니다.

1. 동기란 무엇인가?

심리학에서는 동기의 사전적 의미를 "어떤 일이나 행동을 일으키게 하는 계기"라고 말하고 있습니다. 확장적인 넓은 의미로는 "개인의 행동을 움직이게 하는 의식/무의식적인 요인"이라고 나와 있습니다.

'동기'는 심리학에서 연구기간이 매우 짧은 아직 연구가 한참 이루어지고 있는 학문의 분야입니다. 아직 과학적으로 명확하게 밝혀진 분야가 아니기 때문에 과학자들조차 '동기의 원천은 이거다!, 이렇게 하면 동기부여가 된다!'라고 확실하게 이야기 할 수 없는 부분입니다.

그렇기 때문에 동기에 대해서 우리가 가장 중요하게 생각할 부분은 바로 아래와 같은 문장이라고 생각합니다.

"동기는 획일적으로 접근하지 말아야 한다."

심리학을 평생 공부한 학자들조차 명확한 정답을 내리지 못하는 상황에서, 사람마다/환경마다/상황에 따라 너무나도 달라질 수 있는 것인데, '이렇게 하면 동기가 부여된다.'라고 하나의 방법이 100% 정답이라고 생각하는 것은 올바르지 않다는 것입니다. 그렇기 때문에 자기계발 서적에서 이야기하는 부분과 사내교육에서 들었던 내용들을 실제 우리 팀에 적용했을 때 잘 적용되는 부분도 있지만 맞지 않는 부분이 나타날 수 있는 것은 어쩌면 당연할지도 모릅니다.

앞서 말한 바와 같이 개인적인 사람/환경/상황의 변수들에 따라 '동기'는 달라집니다. 그렇기 때문에 다양한 요소를 고려하여 동기를 생각하는 것이 필요한 상황입니다. 하지만 모든 사람/환경/사람을 고려하기 시작하면 동기를 알아가는 것은 너무 어려울 수 있습니다. 물론 그러한 모든 것을 고려하며 설명하는 것이 올바르겠지만 하나하나 설명하자면 끝없이 많은 내용이 나올 수 있기 때문에 이번에는 심리학에서 이야기하는 주요 요소를 살펴보면서 '동기'에 대해 생각해보도록 하겠습니다.

2. 동기에 영향을 미치는 심리적인 요소

동기에 영향을 미치는 심리적인 요소 중에서 중요한 것은 무엇일까요? 돈? 명예? 칭찬? 인정?이라고 생각할 수 있습니다. 아마도 여러분들은 '돈'을 가장 먼저 생각할 확률이 큽니다. 물론 '돈(금전적 보상)'도 분명 동기에 영향을 미치는 요인입니다. 돈은 정말 동기에 중요한 영향을 끼칩니다. 하지만 돈을 많이 주고, 승진을 하고, 팀장이 되고, 인정을 받는다고 누구나 똑같은 크기만큼 동기가 부여되는 것은 아닙니다. 연봉이 올랐을 때 여러분들은 그 오른 연봉에 동기부여되어 열심히 일하는 것이 얼마 동안 지속 될까요? 길게는 3개월까지 간다는 연구결과가 있지만, 평균적으로 1개월 정도가 지나면 연봉의 동기부여 효과는 떨어지기 마련입니다.

또한 이러한 금전적 보상적 측면이 오히려 독이 될 수 있다는 연구들도 있습니다. 오히려 금전적인 보상이 동기를 줄일 수 있다는 부분입니다. 관련된 예시를 보면 1996년 10월 14일 오프라 윈프리쇼에서 알피 콘(Alfie Kohn)이라는 게스트가 나와서 발표를 했습니다. <상으로 벌을 주다>라는 주제로 발표를 하며, "실행할 의지를 지니고 있는 일들에 금전적인 보상을 주면 자발적인 동기부여를 해친다."라고 말했습니다. 에드워드 드시미 로페스터대 교수도 "재미있게 하려고 마음을 먹은 일에 물질적인 보상을 하면 흥미가 급격히 떨어진다."라고 말하고 있습니다. 금전적 보상은 분명히 중요합니다. 많은 직원들이 돈에 대한 보상을 좋아합니다.

하지만 팀장으로서 꼭 알아두어야 할 부분은 '금전적 보상의 위험성'입니다.

누구나 금전적 보상이 가장 중요한 보상이 아닐 수도 있습니다. 또한, 보상의 공정성에 대한 이슈가 있다면 또는 기대한 만큼의 보상을 받지 못한다면 오히려 상이 아닌 불만이 커질 수 있습니다. 내가 100을 기대했는데 50만 주어진다면 오히려 실망감이 커져서 동기부여를 해칠 수도 있습니다. 이외에도 금전적 보상은 팀워크와 인간관계에 대한 문제 소지가 발생할 수 있다거나, 창의력이나 자유로운 사고를 요하는 일에는 오히려 성과를 떨어트릴 수 있다는 부분도 있습니다.

'왜? 인센티브를 줘도 그때뿐이지?'
'왜? 우리는 성과평가를 열심히 하고 연봉도 인상해 주는데 일을 열심히 안 할까?'

인센티브, 금전적 보상, 물질적 보상은 직원들에게 중요한 요소가 분명합니다. 하지만 팀장이라면 '돈이면 무엇이든 다 된다'라는 생각에서 벗어나 금전적 보상의 위험성까지 충분히 인지하고 있어야 하지 않을까요?

그렇다면 금전적인 보상 이외에 사용할 수 있는 동기부여 방법은 무엇일까요? 바로 아래와 같은 두 가지를 말씀드리고 싶습니다.

이러한 두 가지 요소들은 동기에 대한 70년간의 다양한 심리학 연구조사 및 자료를 참고하여 작성하였는데, 이와 관련해 더 자세히 알고 싶다면, <몰입의 즐거움(칙센트 미하이)>이라는 책을 추천드립니다.

2-1. 통제감

통제감은 사람이 내면, 행동, 자신을 둘러싼 환경에 대해 자신이 통제권을 갖고 있다는 믿음으로 정의할 수 있습니다. 이러한 통제권은 동기부여와 연관이 높습니다. 즉 내가 상황에 대한 주도권을 가지고 일을 할 수 있을 때 더 성과가 난다는 내용인데, 예시로 하버드 경영대학원이 중국 제조업 공장에서 했던 실험을 소개해드리겠습니다.

하버드 경영대학원에서는 '관리자가 없으면 얼마나 성과가 떨어질 것인가?'를 테스트 하기 위해 실험을 진행했습니다. 실험의 방법은 다음과 같았습니다. 공장을 반으로 나누어 한쪽은 관리자가 없었고, 한쪽은 관리자가 있었던 상황을 만들고 생산성을 비교했습니다. 두 작업장에서의 생산성은 어떻게 차이가 났을까요?

그런데 관리자가 보지 않으면 성과가 떨어질 것이라는 예상과는 반대로 관리자가 없는 곳의 생산성이 관리자가 있는 곳에 비해 10~15%가량 높았습니다. 왜 이런 결과가 나왔을까요?

실험을 진행한 경영대학원에서 그 이유를 살펴본 결과 바로 앞서 말한 '통제감'이 주요한 변수라고 결론을 내렸습니다. 즉, 통제감을 가진 조직/팀이 성과를 내기에 더 유리하다는 것을 증명한 것입니다. 관리자 없는 작업장의 경우 일을 직접적으로 하는 부분에서는 다른 작업장과의 차이가 없었습니다. 하지만, 차이가 나는 부분은 바로 동료와의 소통이었는데, 통제감을 가진 팀원들은 업무에 대해 서로 논의한다거나 개선점을 찾기 위한 협동을 하는 모습이 보였다는 부분입니다. 이렇게 자발적으로 서로 논의한다거나 개선점을 찾기 위한 협동들은 성과로 이어졌고, 관리자가 없었기 때문에 오히려 더 자유롭게 소통하며 업무를 진행했다는 것입니다.

이처럼 '통제감'은 팀원들이 일을 하는 방법과 소통에 영향을 미치고, 그러한 것들은 성과에 영향을 미친다는 결론입니다. 더불어 긍정심리학에서도 다양한 실험을 통해 "통제감을 상실하면 무기력해진다"는 결론을 내리고 있습니다(<긍정심리학(마틴 셀리그만)>).

이제 통제감의 중요성을 좀 이해하셨나요? 이처럼 팀원들의 동기를 위해서는 어떻게 하면 스스로 업무를 통제한다는 느낌을 받게 할 수 있는지를 다양하게 생각해 보셨으면 합니다. 다음으로 몇 가지 예시를 두었는데, 사람/환경/상황에 따라 당연히 달라지는 부분이 있다 보니 팀장님들의 각 상황에 따라 적절한 방법을 선택하고 활용해 보시기 바랍니다.

팀원의 통제감을 높이는 노하우

1. 다양한 시간관리 방법을 충분히 학습시키기 — 업무의 우선순위를 배정하는 방법을 알게 되면 스스로 업무를 통제할 힘이 생겨납니다.
2. 직원의 선택(업무목표, 기한 등)을 장려하고 여러 가지 옵션을 서로 검토해보는 회의 진행
3. 리스크가 없는 상황이라면 업무의 기한이나 목표를 스스로 세울 수 있도록 장려(임파워먼트)

2-2. 기대와 가치

사람은 누구나 성장하고 발전하고 있다고 느끼고 싶어 합니다. 현실이 행복하더라도 더 행복해지고 싶고, 돈을 벌어도 더 벌고 싶고, 현실에 머물러 있는 것도 좋지만, 더 좋아지고 싶어하는 것은 사람이 가진 기본적인 욕구입니다. 이러한 욕구와 동기와의 연관 관계를 연구하여 이론으로 나온 부분이 있는데 바로, '기대가치 이론(로터 & 엣킨슨)'입니다.

기대가치 이론
행동/동기(Behavior)=성공에 대한 기대(Expectancy)*일에 대한 가치(Value)

앞서 계속 언급됐던 것처럼 누구에게나 동일하게 적용되는 부분은 아니지만, 위의 이론을 보면 행동(동기)은 기대와 가치의 곱하기로 표현하고 있습니다.

즉 동기에 영향을 미치는 것은 그 일의 성공에 대해 얼마나 기대감을 가지고 있는지와 그 일이 얼마나 가치를 지니고 있는가가 중요하다는 것

입니다.

기대감과 관련 예시로 최근 학교의 적용 상황을 보도록 하겠습니다. 예전에는 일부 학생에게만 보상을 주는 우수자 중심의 보상제도를 운영했습니다. 이러한 보상제도는 우수학생의 경우 보상에 대한 기대로 더 열심히 행동하는 경향을 보였습니다. 하지만 반대로 보상을 받지 못하는 학생들에게는 기대감이 사라지기 때문에 오히려 동기가 적어지게 된다는 문제점이 대두되었습니다. 그래서 최근에는 이러한 우수자 중심의 보상제도보다 모든 학생들에게 각각에 맞는 보상을 주는 방안을 고려하고 있습니다. 최근 우리나라에서도 초등학생들에게 봉사상, 효도상, 독서상, 여름방학숙제상, 바른어린이상, 질서상, 얌얌이상 등 모두에게 주는 보상제도를 운영하고 있다는 것이 그 증거라고 볼 수 있겠습니다.

기업에서도 차츰 개인적인 인센티브보다는 팀 인센티브나 공통 인센티브를 주는 이유도 이와 비슷한 맥락이라고 보시면 될 것 같습니다. 분명히 개인 인센티브가 나쁜 것은 아닙니다. 하지만 그 개인 인센티브를 받지 못하는 사람의 기대감까지 생각해야 하는 것이 중요한 부분이라는 것을 고려해야 합니다.

마찬가지로 가치도 중요한데, '이 일이 나에게/회사에게/사회에 얼마나 가치 있는 일'인지도 동기에 영향을 끼치게 됩니다. 예를 들어, 어떠한 일에 대해 성공에 대한 기대감은 있지만, 나의 성장도 없고, 회사의 성장도 없고, 사회에도 도움이 되지 않는다면 그 일을 지속적으로 동기를 유지한 채 일을 하는 것은 어렵습니다.

위와 같이 기대가치 이론은 적절한 기대와 일에 대한 가치가 모두 중요하다고 말하고 있습니다. 그렇다면 복습을 위해 문제를 하나 내보도록 하겠습니다. 다음 상황에서는 어떤 부분의 이슈 때문에 동기에 문제가 될지 한번 생각해 보시기 바랍니다.

Q1. 본인의 능력치보다 너무 높은/어려운 과제만 수행하면 장기적으로 동기는 어떻게 변할까요?

Q2. 반대로 본인의 능력치보다 너무 낮은/쉬운 과제만 수행하면 장기적으로 동기는 어떻게 변할까요?

물론 위 문제도 각자의 성향과 주어진 문제의 난이도, 팀 분위기 등 다양한 요소에 따라 달라질 수 있기 때문에 100% 정답은 없습니다. 하지만 일반적으로 Q1의 경우에는 일에 대한 가치는 높아지지만 성공에 대한 '기대감'이 문제가 될 수 있습니다. 물론 적절하게 높은 난이도의 문제라면 도전의식으로 동기가 부여될 수 있습니다. 하지만 너무 높은 어려운 과제를 수행하게 되면 성공에 대한 두려움이 커질 수밖에 없기 때문에 결과적으로 동기에 문제가 발생할 수 있습니다.

반대로 Q2의 경우에는 성공에 대한 기대감은 충분하지만 일에 대한 '가치'가 문제될 수 있습니다. '내가 이런 사람인데… 이런 일을 계속 해야 해?'라고 생각하면서 말이죠.

이처럼 성공에 대한 기대감과 가치가 모두 중요하다는 사실을 꼭 기억해 주시기 바랍니다. 그렇다면 이제 어떻게 팀원의 기대와 가치를 높일 수 있는지 현실적인 방법들을 알아보도록 하겠습니다.

✪ 팀원 성공의 기대감과 가치를 높이는 노하우 ✪

1. 단순한 업무 내용정리도 좋지만, 하루하루 성장한 부분을 기록하게 합니다.
   (성장한 부분을 적으면 성공의 기대감을 높이는 효과를 가집니다.)

2. 작더라도 지속적으로 성공경험을 만들어 줍니다.
   (보통 동기가 떨어지는 사람들은 성공한 경험이 적은 경우가 종종 있습니다.)

3. 역량을 키워주는 다양한 내부/외부적인 모임/교육과정을 적극적으로 추천합니다.(역량의 성장은 곧 성공의 기대감을 높여주는 부분입니다.)

4. 개인적인 가치관/일에 대한 목적/동기요소들을 파악합니다.
   (가치관/목적에 따라 어떻게 할 수 있는지 고려합니다.)

CHAPTER 3

VS

일 좀 잘해줄래?

지금까지 제가
뭘 잘 했는지는 아세요?

우리팀은 A사의 마케팅 팀으로 팀원은 4명이 있다. 그 중 요즘 가장 신경이 많이 쓰이는 팀원은 바로 박 사원이다.

박 사원은 현재 입사한 지 2년 차가 되었고, 처음 1년 동안은 박 사원과는 서로 개인적인 이야기를 털어놓을 정도로 친하게 지냈다. 그리고 입사 초기에는 밝고 업무도 잘하는 편이었다.

하지만 입사 1년 정도가 되었을 때쯤 마감시기를 놓치는 일이 발생했다. 이후, 팀장인 나는 업무에 대해 미리미리 체크를 해야겠다고 생각을 했고 업무를 하나씩 하나씩 체크해 나가기 시작했다. 하지만, 어쩐 일인지 점차 박 사원의 의욕이 떨어졌고 수동적이 되어가는 느낌이 들었다.

최근에는 박 사원과 이야기를 거의 나누지 않았고 업무적인 이야기만 하는 상황이다. 업무적인 역량도 늘어나는 게 아니라 점점 떨어지고 수동적인 태도가 너무 많이 보인다.

회사는 그래도 업무를 해야 하는 상황이기 때문에 더 나사를 조여서 잘 관리해야겠다는 생각이 들었고, 조금 더 관리를 잘 하기 위해 박 사원을 불렀다.

김 팀장: 요즘 계속 업무에 이슈가 생기는 것 같은데, 뭐가 문제야?

박 사원: 죄송합니다. 한다고 하는데...

김 팀장: 자꾸 죄송하다고만 하지 말고, 그래도 성과를 내야 하니까 앞으로 매일매일 업무에 대해서 철저하게 모니터링 할테니까 그렇게 알아두면 좋을 것 같네.

박 사원: 네... 알겠습니다.

김 팀장: 요즘 참 아쉬워. 자꾸 틀리고, 의욕도 떨어지고, 문제가 많아 보이네?

박 사원: ....

김 팀장: 아니 뭐라도 말을 해야 함께 논의를 하지. 뭐라도 말해봐.

박 사원: 팀장님, 사실 자꾸 체크하시니까 오히려 더 틀리는 것 같아요. 더 부담되는 것 같고, 의심받는 기분도 들고요. 의욕도 떨어집니다. 저도 잘하는게 많은데 팀장님은 제 장점을 보려고 하시지는 않고 단점만 보려고 하는 것 같아요. 팀장님은 제가 어떤 장점을 가지고 있는지 잘 알고 계시나요?

　　김 팀장은 면담 이후 생각이 많아졌다. 박 사원이 자신의 장점이 무엇인지 물어봤을 때 명확하게 대답하지 못했기 때문이다.

　　생각해보니 박 사원의 장점도 많았는데 그 장점을 놓치고 실수에 너무 집중했다는 생각도 들었다. 그리고, 실수를 줄여주기 위해서 그리고 박 사원의 성장을 위해서 업무를 관리하는 것이 좋다고 생각했는데 오히려 그게 의욕을 떨어트렸다는 것도 이상했다.

2~30년 전 사무실의 풍경과 지금의 풍경은 정말 많이 달라졌습니다. 팀장님이 매일 잔소리를 해대도, 가끔은 쌍욕이 나오더라도, 가끔은 쓴소리가 난무하더라도 참고 버티던 시절이 있었습니다. 일과 이후에 술 한잔 마시며 훌훌 털어버리던 시절이 있었죠. 하지만 지금은 싫은 소리로 들릴까 두려워서 회식도 함께 하자 말하기 어렵고, 오히려 팀장님이 팀원의 눈치를 보고 기분을 살피면서 회사생활을 하는 것처럼 보입니다. 팀장님들의 신세한탄을 하는 내용도 자주 듣곤 합니다.

"신입사원일 때는 윗사람의 눈치를 보고 지내왔는데 15년이란 시간이 지난 지금은, 윗사람은 그대로고 아랫사람 눈치까지 보고 있어요..."

최근 팀장님들의 고민들 중에서 큰 부분을 차지하는 것이 바로 '팀원과의 소통'입니다. 하지만 이런 어려운 상황에서도 회사 속 팀장님들은 관계보다는 업무를 진행하고 성과를 내야 하는 상황일 가능성이 큽니다. 말을 안해도 답답하고 말을 하려 해도 답답하고 이처럼 팀원과의 대화는 누구나 쉽지 않은 것이 사실입니다.

최근 이런 어려운 환경을 반영하듯 '코칭이 중요하다', '피드백을 이렇게 해라' 등의 조언을 담은 코칭/피드백에 대한 서적도 많이 나오고 있고 관련된 교육들도 많이 개설되고 있습니다. 코칭/피드백과 관련하여 팀장님들이 알아야 할 핵심내용을 하나씩 살펴보도록 하겠습니다.

1. 코칭? 피드백?

먼저, 코칭과 피드백을 비슷한 개념으로 많이 사용하는데, 두 단어의 의미를 차이를 먼저 알아보고 시작해 보도록 하겠습니다.

국어사전의 뜻을 먼저 살펴보겠습니다.

피드백	코칭
진행된 행동이나 반응의 결과를 본인에게 알려 주는 일	좋은 결과를 내는 것을 목표로 팀을 이끄는 총체적인 행위

코칭은 좋은 결과를 위해 팀을 이끄는 전체적인 개념이라면, 피드백은 코칭을 잘 하기 위한 하나의 도구입니다. 피드백이 과거에 초점을 맞추어 잘한 점, 개선할 점을 전달하는 것이라면 코칭은 그 피드백을 포함된 과거＋현재＋미래에 모두 초점을 맞추어 진행하는 것입니다. 그래서 본 챕터에서 나오는 코칭은 피드백을 포함하는 개념이라고 생각해주시면 될 것 같습니다.

최근 팀원을 대상으로 실시된 여러 분석 및 설문조사에서 코칭의 장점들이 지속적으로 나오고 있습니다. 아마도 팀장님들도 여러 책이나 기사 등에서 여러 번 보셨으리라 생각됩니다. 격려 한마디, 조언 한마디, 피드백들이 팀원들에게 코칭을 통해 전달되고 그런 내용에 따라 성과가 나는 조직은 생각만으로도 흐뭇합니다.

코칭의 효과와 관련된 자료를 살펴보겠습니다. 2010년에 이루어진 대규모 설문조사 결과입니다. ICF(International Coach Federation) 교육생을 대상으로 155,000명을 설문조사했는데, 아래와 같이 예상되는 코칭의 효과를 자기개발과 성장을 1순위로 꼽았습니다.

Q. 코칭을 통해 얻을 수 있는 장점은 무엇이라 예상하십니까?

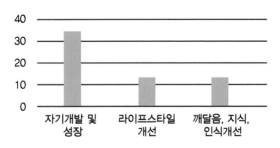

#Ref. Coaching Benefits: From Winning the Race to Winning in the office, Victoria Devaux (2010)

이처럼 코칭은 다양한 장점들이 있고 실제 팀원들에게 많은 긍정적인 효과를 가져다 줄 수 있습니다. 하지만 코칭을 실제로 잘 수행하기는 어렵다고 말하는 팀장님들이 많이 있습니다. 그렇다면 어떻게 조금 더 코칭을 잘 할 수 있는지 구체적으로 알아보도록 하겠습니다.

2. 팀원의 강점 바라보기

아래 그림을 보면 어디에 눈길이 가는지 한번 보도록 하겠습니다.

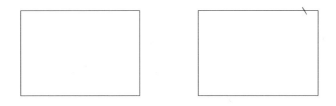

위 그림을 보면 보통 오른쪽에 더 신경이 쓰입니다. '인쇄가 잘못되었나?'라고 생각했을 수도 있습니다. 오른쪽 그림의 사선 표시에 집중이 되는 것처럼 사람은 아무래도 부족한 것에 더 집중하기 마련입니다. 누구의 잘못도 아닙니다. 부족한 부분과 결점에 더 신경 쓰이는 것은 사람이 가

진 일반적인 특징입니다. 심리학에서도 이런 결점과 부족한 것에 더 집중되는 것을 <관찰자의 편견(Observer Bias)>이라 부릅니다.

팀원을 바라볼 때도 이런 <관찰자의 편견>이 그대로 적용됩니다. 본능적으로 팀원의 강점보다는 약점이 더 눈에 들어오게 됩니다. 열 번을 잘해도 한 번 못하면 그 한 번이 계속 신경 쓰입니다. 그 한 번 때문에 오해가 생기기도 하고 팀원을 혼낼 수도 있습니다. 하지만 반대로 팀원은 열 번 잘한 일에 집중한다면 '난 계속 잘해오고 한 번 실수 한건데...'라고 생각할 수도 있습니다.

또 다른 상황을 가정해 보겠습니다. 만약 어떤 팀원이 장점과 단점이 각각 50%씩 있다고 가정해본다면 아마도 팀장이 바라보기에 그 팀원은 단점이 훨씬 큰 사람으로 느껴질 것입니다. 이렇게 느끼는 것은 누구의 잘못도 아닙니다. 앞서 말했다시피 사람이 가지는 기본적인 심리일 뿐입니다.

그렇기 때문에 팀장으로서 팀원을 바라볼 때는 일부러라도 조금 더 장점에 집중해야 합니다. 그래야 최소한 장점과 단점을 오해없이 바라볼 수 있지 않을까요?

> 그 사람 자체로 대한다면 그는 그 사람 자체로 존재하지만,
> 되어야 하고 될 수 있을 것처럼 그를 대하면 그는 그러한 사람이 될 것이다.
> − 괴테 −

위의 괴테가 말한 문구와 연관되어 '필패신드롬'이라는 용어도 있습니다. HBR(Harvard Business Review)에 실린 내용인데 (* The Set−Up−To−Fail− Syndrome, 장 프랑수아 만초니 & 장 루이 바르수) 유능한 부하 직원이라도 상관에게 무능한 직원으로 인식되는 순간 업무능력이 급격히 저하되는 현상을

말합니다. 어차피 열심히 해도 인정을 못받는다는 인식 때문에 업무에 대한 열정이 없어지게 된다는 부분입니다.

피그말리온 효과, 플라시보 효과가 긍정적인 기대감이 좋은 결과를 나타내는 효과이듯 필패신드롬은 그와 정반대 개념입니다. 이러한 필패신드롬에 빠지지 않게 조금 더 팀원의 강점에 대해 관심을 가져야 한다는 점을 다시 한번 강조드립니다.

실제 실행할 수 있는 작은 팁을 드리면 본 챕터 맨 뒤쪽의 표를 참고해서 우리 팀원의 평소에 생각해보지 못했던 팀원들의 강점에 조금 더 집중해 보는 방법을 추천드립니다. 강점을 하나하나씩 체크해 보면서 단점 보완에 초점을 맞추는 것도 좋지만 강점의 강화를 어떻게 할 수 있을지 고민해 보시기 바랍니다.

3. '프로세스 vs 연습' 무엇이 더 중요할까?

여러 책들을 볼 때면 코칭의 프로세스에 대해 언급되어 있는 부분이 많습니다. GROW모델부터 시작해서 TIP모델 등 다양한 코칭모델에 대해 언급하고 있습니다. 또 어떤 책에서는 저자가 만든 다양한 모델에 대해서 이야기하고 있습니다. 그런 모델들에 대해서 어떻게 생각하시나요? 코칭의 프로세스를 아는 것이 얼마나 중요할까요?

많은 팀장님들이 '코칭 프로세스대로 했는데, 잘 안된다.'라고 말씀하십니다. 마치 코칭의 프로세스를 알면 모든 게 다 완성되는 것처럼 생각하는 분들도 가끔 계십니다. 하지만 단언컨대, 코칭 프로세스는 만능이 아닙니다. 코칭의 프로세스대로 했다고 모든 코칭이 성공하는 것도 아닙니다. 코칭을 하는 하나의 도구/방법론일 뿐 그 도구가 코칭 역량을 키워주는 것은 아닙니다.

운동 배울 때를 생각해 보겠습니다. 운동을 머릿속으로 안다고 해서 책으로 공부를 열심히 했다고 해서 갑자기 잘할 수 없습니다. 실제로 어떤 운동이건 어느 정도 수준까지 하려면 꾸준하게 연습도 하고 레슨도 받아야 하는 것처럼, 코칭도 실제로 꾸준하게 연습하지 않으면 쉽게 할 수 없기 마련입니다. 그래서 국내/국제 코치자격들도 코치 자격을 발급할 때 실제 코칭시간을 기록해서 제출하게 하는데 그만큼 '실전 코칭 경험'이 중요하기 때문에 이러한 자격 조건이 있는 것입니다.

코칭의 프로세스를 익히는 것은 코칭을 하기 위한 기본지식을 배우는 것입니다. 어떻게 해야 하는지 전체적인 방향을 배우는 것입니다. 프로세스도 당연히 배워야 합니다. 하지만, 배운다고 해서 모두가 코칭을 잘하는 것은 아닙니다. 프로세스도 중요하지만 가장 중요한 것은 연습입니다. 처음부터 코칭을 잘하는 분들은 적습니다. 실패하면 많은 문제점들도 나오게 됩니다. 하지만 연습하지 않으면 나아지지 않는 것이 코칭입니다. 코칭의 프로세스를 아는 것보다 연습이 더 중요하다는 점. 코칭도 꾸준한 연습이 필요하다는 점을 꼭 기억해주시기 바랍니다.

• OOO팀원은 어떤 강점이 있을까? •

17가지의 감정적 측면의 강점 단어		17가지의 이성적 측면의 강점 단어		17가지의 행동적 측면의 강점 단어	
단어	점수	단어	점수	단어	점수
친근함	5 4 3 2 1	의사결정	5 4 3 2 1	도전	5 4 3 2 1
조용함	5 4 3 2 1	통합사고	5 4 3 2 1	협상력	5 4 3 2 1
편안함	5 4 3 2 1	업무관리	5 4 3 2 1	관계구축	5 4 3 2 1
정직	5 4 3 2 1	마무리능력	5 4 3 2 1	동기부여	5 4 3 2 1
긍정성	5 4 3 2 1	분석력	5 4 3 2 1	고객중심	5 4 3 2 1
이지적	5 4 3 2 1	전문성	5 4 3 2 1	변화확산	5 4 3 2 1
상상력	5 4 3 2 1	응용력	5 4 3 2 1	주도적 행동	5 4 3 2 1
세심함	5 4 3 2 1	이해력	5 4 3 2 1	적응력	5 4 3 2 1
열정	5 4 3 2 1	전략적	5 4 3 2 1	문제해결	5 4 3 2 1
온화	5 4 3 2 1	탐구력	5 4 3 2 1	추진력	5 4 3 2 1
용기	5 4 3 2 1	판단력	5 4 3 2 1	통솔력	5 4 3 2 1
평정심	5 4 3 2 1	준비성	5 4 3 2 1	실행력	5 4 3 2 1
포용력	5 4 3 2 1	신중성	5 4 3 2 1	성실	5 4 3 2 1
호기심	5 4 3 2 1	논리성	5 4 3 2 1	협력	5 4 3 2 1
끈기	5 4 3 2 1	문제파악	5 4 3 2 1	책임감	5 4 3 2 1
유머	5 4 3 2 1	정보력	5 4 3 2 1	중립적	5 4 3 2 1
친절	5 4 3 2 1	기획력	5 4 3 2 1	의사소통	5 4 3 2 1
총점 :		총점 :		총점 :	

※ 실행 방법

   1. 체크 할 팀원을 생각하며 단어별 해당 팀원의 점수를 표기해 봅니다. (5점 만점)

   2. 점수 표기가 끝나면 각 단어들을 보면서 왜 그렇게 생각했는지 고민해봅니다.

   3. 감정적/이성적/행동적 측면의 총점을 내고 왜 그렇게 나왔는지 생각해봅니다.

※ 추가적으로 팀원의 강점을 찾을 수 있는 추천 책: 위대한 나의 발견 강점 혁명(Strength Finder 무료진단 코드 포함)

CHAPTER 4

물어보고 일하면 안될까?
제가 알아서 적극적으로 하면
좋은거 아닌가요?

어느 유통회사 영업팀에 입사 3개월 된 27살 신입인 윤 사원. 현장 파악도, 업무역량도, 대화기술도 부족하지만, 배움에 대한 열의가 높은 직원이다.

게다가 성격도 활발하고, 사교성도 높아 무언가를 지시하면 시원시원하게 대답도 잘 하고 열의를 보이지만 해온 것을 보면 업무방향도 틀리고, 묻지도 않고 자기해석대로 해오는 습관이 있다. 다시 해오라고 한 후 여러 번의 수정을 봐줘야 하고 항상 업무처리 시 시간이 2배 이상 걸릴 때가 많다.

무언가를 하기 전에 모르겠으면 물어보고 하라고 얘기를 하면,

윤 사원: 각자 너무들 업무가 바쁘신데 이런 것까지 여쭤보면 방해될까봐 제가 현장에서 판단하고 그냥 했던건데 일이 이렇게 돼서 죄송합니다.

라고 말하며 사과도 인정도 빨리 한다.

조 팀장: 아무리 바쁘다해도 이런건 윤 사원이 직접 정할 수 있는 일이 아닌데 묻지도 않고 처리해서 일을 이렇게 만들면 어떻게? 아~~ 정말 몇 번을 말하냐...

세 번째 벌어지는 실수로 나도 모르게 짜증섞인 말투가 나가버렸다.

착하고 해맑은 사원 때문에 계속 화를 낼 수도 없고, 알아들었겠지 하고 믿고 맡기면 전혀 답변했던 것과 다른 일을 해오는 직원 때문에 속이 터진다. 가르치는 동안 1~2번의 실수는 있을 수 있고, 나도 신입시절 그랬으니 그럴 수 있다고 생각한다. 그러나 들을 때만 대답 잘 하고 자기 방식대로 알아서 판단하고 업무를 해오는 직원 때문에 고객사 전화통화를 비롯해서 타 팀과의 협업, 부서 행사지원 등 곳곳에서 팀의 실수로 보여지는 상황이 너무 불편하다.

직원들의 역량과 업무스타일은 모두 다릅니다. 직원들의 특성에 맞게 목표설정 및 업무분장이 달라져야 하는 것이 리더의 실력이라고 말합니다. 그럼 어떻게 해야 목표설정 및 업무분장을 잘 할 수 있을까요?

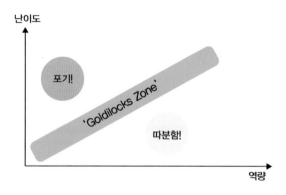

몰입을 이끄는 골디락스 존

가로축은 역량, 세로축은 난이도로 표시되어 있는 위 그림을 보면 조금 쉽게 이해할 수 있습니다. 역량이 높은 직원에게 난이도가 낮은 업무, 또는 단순반복업무가 주어질 때 따분함을 느끼고, 역량이 낮은 직원에게 난이도가 높은 업무를 줄 때 '해보겠다'라는 자신감보다는 너무 높은 목표나 업무량이 '포기'라는 깃발을 들게 합니다. 미래학자 대니얼 핑크(Daniel Pink)는 이렇게 자신의 역량과 업무 난이도가 적당히 조화를 이룬 업무를 골디락스 존(Goldilocks Zone)이라고 했습니다.

즉 너무 어려워서 포기하지도, 반복되는 단순 업무로 너무 쉬워서 매너리즘이 오지도 않는 구역, 자신의 업무연차와 역량에 맞게 적당한 긴장감과 업무량이 주어질 때 사람은 '내가 성장하고 있구나'라는 기분좋은 생각에 '그래도 한 번 도전해보겠다'는 마음을 먹고 실행할 수 있게 만들어 주는 구역이라는 것을 이야기합니다.

그럼 앞서 스토리의 직원은 어떤 역량이나 어떤 난이도로 이끌어줘야 팀장은 적합한 리더십을 발휘하고 있는 걸까요?

> **Tip**
>
> 영국의 전래동화 <골디락스와 곰 세 마리(Goldilocks and the three bears)>에 등장하는 소녀의 이름에서 유래한 용어. 본래는 골드(gold)와 락(lock, 머리카락)을 합친 말로 '금발머리'를 뜻한다. 동화에서 골디락스는 곰이 끓인 세 가지의 수프(뜨거운 것과 차가운 것, 적당한 것) 중에서 적당한 것을 먹고 기뻐하는데 이것을 경제상태에 비유해 뜨겁지도 차갑지도 않는 호황을 의미하는 용어로 사용되기 시작했다.
>
> 출처: 네이버 지식백과

현재 업무의 방향성과 방식도 제대로 모르는 직원에게 이렇게 오더를 내리는 것은 리더의 잘못입니다. 상황대응 리더십(Situational Leadership)을 개발한 미국 코넬대학교 명예교수이자 유명 컨설턴트이며 작가인 켄 블랜차드(Ken Blanchard) 박사와 세계적인 행동과학자 폴 허시(Paul Hersey) 박사는 '모든 상황에 적합한 유일최선의 리더십은 없다. 상황에 맞는 리더십이 있을 뿐이다.'라고 말했습니다. 특히 온오프의 경계를 허물고 일하고 있는 요즘은 더더욱 리더의 유연성과 포용력이 중요하게 화두가 되고 있습니다. 따라서 직원의 역량수준을 파악하고, 사실을 관찰(현 시대는 재택근무의 증가로 관찰이 어려워 서류, 보고서, 화면을 통해 보이는 상반신 정도의 모습으로 관찰을 대체해야 한다), 개개인의 강약점을 알고 일을 하게 만드는 것이 중요하다고 했습니다.

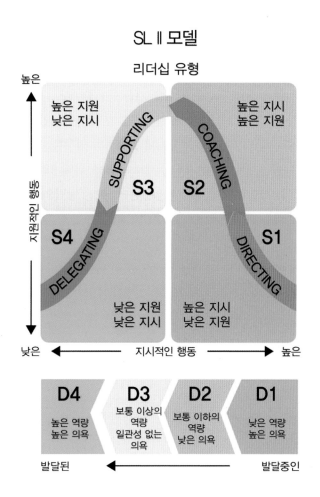

SL Ⅱ 모델

리더십 유형

켄 블랜차드(Ken Blanchard) 박사의 '상황대응리더십(Situational Leadership)'
D(Development Level), S(Situational Leadership Level)

앞 그림에서 보는 것처럼 D1에 해당하는 직원은 낮은 역량, 높은 의욕에 해당됩니다. 시키면 하겠다는 의욕도 높고, 무언가 이뤄보고 싶은 의욕도 있지만 이때 필요한 리더십은 S1 영역에 해당하는 지시적 리더십유형(Directing or Approach style)입니다. 이 유형의 대부분은 의사소통의 초점이 목표달성에 맞추어져 있으며 지원적 행동을 위해서는 보다 더 적은 양의 시간을 소비해야 합니다. 이 유형의 리더십은 구성원들이 무슨 목표를 어떻게 달성해야 하는가에 대한 구체적인 지시를 하고, 정확한 방향으로 업무를 해올 수 있게 주의깊은 관심을 기울여야 합니다. 그렇지 않을 경우 같은 시간을 들여 다른 방향의 결과물을 가져오면 개인적 및 조직적 차원 모두에게 시간낭비가 될 수 있기에 효율적인 업무를 위해서는 '중간보고'를 하게 하는 것이 좋습니다. 실제로 목표를 위해 3일의 시간이 있다면 1일 후에 어떻게 할 방향성을 정했는지, 어떤 방법으로 자료조사를 할 예정인지, 어떤 파일형태(엑셀, 파워포인트, 워드 등 어떤 것인지)로, 글자크기 몇 폰트, 이미지나 통계자료는 어떻게 어느 정도 어떤 부분에 넣으면 좋을지 등에 대해 전체적인 계획을 짜오도록 한 후 방향이 맞는지 확인하고, 맞다면 남은 2일 내에 그 방향으로 진행할 수 있도록 믿고 맡기고 기다려주는 것이 좋습니다. 만약 너무 초보의 경우라면 중간에 한 번 더 바로 위 대리직급 정도의 선배사원이 점검하고 도와줄 수 있도록 하면 시간낭비없이 바른 길로 갈 수 있습니다.

존 맥스웰(John Maxwell) 박사의 맥스웰리더십(Maxwell Leadership)에서는 리더가 2T를 적절히 사용할 줄 알아야 한다고 합니다.

1. 훈련(Training)
2. 부서이동(Trade)

직원이 업무성과를 제대로 내지 못할 때 첫째, 훈련(Training) 할 수 있는 기회를 줄 것. 조직 내 연수기회, 온라인연수, 외부위탁기관, 관련 도서, 유튜브 자료 등에 대해 기회를 줄 수 있는 것이 있다면 먼저 훈련하고 학습할 기회를 주어야 한다. 둘째, 부서이동(Trade)할 것. 업무에 따라 몇 달 혹은 1~2년 간의 기회를 줬는데도 성장하거나 전혀 방향을 못 잡거나, 내부직원들과 갈등이 생긴다면 업무나 팀 등 자리를 바꾸는 것이 오히려 맞는 자신만의 그릇을 찾게 해주는 방법이 될 수 있습니다.

실제로 필자의 재직시절 팀 내에서 부정적인 시각과 발언을 재미삼아 하는 구성원이 있었는데 현재 근무하는 팀에 대해서 계속 그런 시각을 가지고 일을 하니 다른 팀원들도 기력이 빠지고 그의 상사들도 들어주기는 했으나 좋게 보지는 않았습니다. 결국 그 직원은 다른 부서로 발령이 나서 이동한 일이 있었습니다. 물론 여러 가지 변수들이 생겨서 바뀐 것도 있겠지만, 상사의 리더십 스타일이 바뀌었든, 구성원들과의 스타일이 잘 맞게 됐든, 타 팀에 이동한 후 무엇이 정확한 원인인지 모르겠지만 우리 팀에서는 흥미도 못 느끼고 매번 비판만 하던 직원이 이동 후 잘 적응하고 성과도 잘 내는 모습을 볼 수 있었습니다.

오히려 현재의 팀에 맞지 않는데도 그 팀원을 데리고 있을거라면 관점 전환을 돕거나, 꾸준한 학습을 통해 업무성장과 함께 팀 업무에 녹아들 수 있게 만들거나 그래도 되지 않는다면 이 직원을 육성시킬 수 있는 역량의 팀장이 있는 팀으로 보내든 방법을 찾는 것이 현 팀에 좋은 방법일 수 있습니다. 그룹공채 입사자인 경우 회사규정상 부서 및 팀 이동에 대해 문제가 없다면 무관하지만, 그 외 경력직 입사, 특수계약직 등의 경우라면 인사팀에 문의하여 근로계약서 내 업무범위, 물리적 이동거리에 대한 언급 등 계약서 내용 등을 미리 파악한 후 대안을 세우고, 부서이동에 대한 면담을 진행해야지, 그렇지 않은 경우 부당전직으로 문제가 될 수 있으니 주의해야 할 필요가 있습니다. 이러한 상황까지 오지 않도록 현재의 팀 내에서 육성의 포인트에 힘을 실어 성장시킬 수 있도록 방향성을 잡아주고 돕는 것이 리더의 몫일 것이며, 신입직원은 더더욱 이 부분이 필요합니다.

> 👉 **열정은 넘치나 얌체공같이 어디로 튈지 모르는 신입사원(Beginner)의 육성 포인트**

· SL 1단계 직원의 특징 ·

핵심 특징	업무수행 특성
업무에 대한 방향감각과 업무수행에 필요한 역량은 없으나 의욕이 높음	• 막연히 높은 의욕과 기대 • 혼자 업무수행이 어려움 • 구체적인 지시가 필요함 • 투입에 비해 성과가 미흡

> 👉 **지시적 리더의 행동(Directive Behavior)**

정해진 시간 내에 업무효율을 높이기 위해 팀장은 'SMART 기법'을 활용하여 항목별로 업무를 지시하는 것이 좋습니다. 특히 SL 1단계의 직원에게는 더욱 이런 기법으로 설명하고 지시해야 직원이 업무처리하는데 실수가 없을 것입니다.

S (Specific 구체적)

M (Measurable 측정가능한)

A (Achievable 달성가능한)

R (Relevant 관련성이 있는)

T (Time-bound 시간제한이 있는)

1. 목표 설정

○월 마지막 주에 우리 팀에서 주관하는 HR콘퍼런스의 성공적인 개최를 위해 약 200개 고객사 리스트의 정확한 정리 및 초대장 만들기, 발송 업무 등의 완벽성을 책임감있게 완료한다.

2. 무엇을, 언제까지, 어떻게 하라고 알려준다

무엇을: 세미나에 초청해야 할 고객사 리스트 정리

언제까지: (현재 월요일 오후 2시 기준) 이번주 수요일까지

어떻게: 엑셀에 항목 나눠서 고객사명, 담당자 이름, 핸드폰, 이메일,
　　　　주소, 특이사항 등

필수항목들을 만들어 리스트업

3. 리더 역할과 직원의 역할을 명백하게 구분한다

리더 역할: 업무방향과 디테일 잡아주기, 중간보고로 확인 및 지원

직원 역할: 리스트업, 중간보고로 업무 로스 줄이기

4. 업무 수행을 세밀하게 지시한다

1) 리스트업 시 유의사항: 고객사 현 이슈파악, 미참석자 명단 분리, 우편발송까지 병행할 VIP 고객사 리스트 분류

2) 우편발송 종이재질/디자인/샘플 받기/초대문구 작성 등

5. 일정 계획 수립

1) 1차 중간보고: 화요일 오전 11시까지(우선 고객사 리스트만)

2) 2차 중간보고: 화요일 오후 5시까지 리스트 정리 외에 큐시트(cue sheet)로 업무 리스트 정리

3) 우편발송 관련: 업체선정, 디자인 샘플, 초대문구 정리 등 언제까지 가능할지 확인 후 수요일 오전까지 보고

CHAPTER 5

이제 후배직원 좀 챙기지?
뭘 어떻게 챙기라는거죠?

최근 부서에 조직개편이 있으면서 고 팀장 팀 내에 Unit으로 2개의 파트를 두게 되었다. 한 파트는 5명 내부 신제품개발, 한 파트는 4명 외부 기술영업 및 대외협력 일이다. 서 파트장은 외부 영업파트 일을 맡게 되었고, 기술영업이라 워낙 전문분야이기도 하지만, 고인력들을 데리고 협업해서 성과를 끌어내야하는 상황이라 너무 어렵고 힘들어한다. 항상 팀 내에 속해 있다고 하더라도 R&D에 대한 부분만 맡아왔기 때문에 성과를 내는 것이 어렵지 않았고 누구보다 성과를 잘 냈던 팀원이었는데, 갑자기 3명의 구성원들을 이끌고 대외적으로 영업까지 해야 하는 상황을 버거워하는 것이 보인다.

게다가 서 파트장과 같은 과장급인 장 과장과는 평소 약간의 갈등이 있었고, 아무리 보직이라고 하지만 파트장을 달게 되어 리더의 자리에 서니 장 과장이 도와줘도 모자랄 판에 하나하나 토를 달거나 반대 의견을 제시하는 등의 모습이 보여 팀장의 눈에도 서 파트장이 힘들어 하는 것 같은 상황이 느껴진다. 자기 주장이 강하며 직진 스타일의 박 대리, 자기효능감이 높은 허 사원. 결코 쉽지 않은 이 조합 속에서 과연 팀워크를 이뤄 성과를 낼 수 있을지 걱정이 된다. 더욱더 서 파트장을 힘들게 하는 것은 파트장이 되기 전까지 한 명의 연구원으로서 성과는 잘 내는 직원이었지만 팀에 시니컬한 관점제시도 많이 했었고, 팀 내 단합을 위해 무언가 하자고 하면 참여도 잘 안하는 편이었고, 아닌 것을 아니라고 자유롭게 표현했던 인물이라 자신의 모습처럼 행동하는 팀원들을 보면 말 한마디 하기도 어려워하는 것처럼 느껴진다. 팀 내에서도 농담스런 어투로 "파트장 됐다고 사람 바뀌었네? 역시 자리가 사람을 만들어?" 라는 말을 농담처럼 하는 장 과장의 말을 들은 적도 있다. 이런 파트장을 바라보고 있는 고 팀장은 빨리 적응 후 몰입해서 성과를 이뤄내도 될까말까한 상황에 일희일비하며 방향을 못 잡고, 팀원들에게 피드백도 원활하게 못하고 있는 파트장이 답답하다.

리더가 하루종일 구성원과 하는 대화의 대부분은 피드백입니다. 무엇이 잘 되고 있는지, 무엇을 고쳐야 하는지에 대해서 말이죠. 요즘은 점점 더 좋아지고 있다고 생각하지만 아직도 일을 하다 보면 일방적으로 지시하고 혼내는 형식이 존재합니다. 리더의 피드백은 두 가지로 나눕니다. 리처드 윌리암스의 <피드백 이야기>라는 책에 있는 내용을 조금 풀어서 아래와 같이 정리해보겠습니다.

리더의 언어, 피드백

1. **지지적 피드백(Supportive Feedback)**: 잘된 것, 잘 하고 있는 것, 구체적인 인정이 함께 있는 피드백
2. **교정적 피드백(Corrective Feedback)**: 잘못된 것, 고쳐야 하는 것에 대한 피드백

이 외에도 학대적 피드백(Abusive Feedback), 무의미한 피드백(Insignificant Feedback)이 있지만 우리의 사무실에서는 대부분 지지적 피드백과 교정적 피드백이 주로 사용됩니다. 이 2개만 잘 사용하면 될텐데 많은 리더들이 교정적 피드백을 해야 할 때, 무의미한 피드백이나 학대적 피드백을 할 때가 많습니다. 어떻게 하는 것이 요즘 팀장들이 하는 바람직한 피드백일까요? 2018년 잡코리아의 조사에 따르면 다음과 같은 결과들을 볼 수 있습니다.

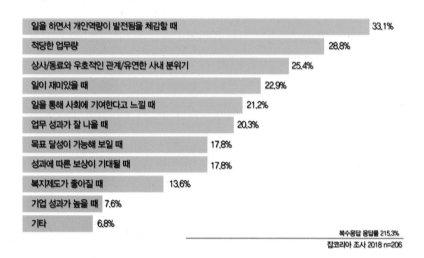

구성원 동기부여 요인

요인	비율
일을 하면서 개인역량이 발전됨을 체감할 때	33.1%
적당한 업무량	28.8%
상사/동료와 우호적인 관계/유연한 사내 분위기	25.4%
일이 재미있을 때	22.9%
일을 통해 사회에 기여한다고 느낄 때	21.2%
업무 성과가 잘 나올 때	20.3%
목표 달성이 가능해 보일 때	17.8%
성과에 따른 보상이 기대될 때	17.8%
복지제도가 좋아질 때	13.6%
기업 성과가 높을 때	7.6%
기타	6.8%

복수응답 응답률 215.3%
잡코리아 조사 2018 n=206

지금의 구성원들은 연봉이 높거나 승진하는 것보다 '일을 하면서 개인 역량이 발전됨을 체감할 때'가 33.1%로 가장 높게 나타났습니다. 지금의 구성원들도 역시 마찬가지며, 업무가 힘들긴 해도 자신의 발전과 함께 맞물린다면 힘들어도 '성장'이라는 의미(Meaning)를 가지고 해낼 수 있다는 것입니다.

인재의 이탈을 만류하는 효과적인 방법

항목	비율
기업의 비전과 개인의 성장가능성, 긍정적인 미래상 제시	55.9%
연봉인상, 인센티브, 보상 강화 약속	42.1%
승진 등 약속	19.6%
휴직/휴가 권유	19.5%

복수응답 응답률 151.9%
집코리아 인사담당자 조사 2016 n=811

　　다음 질문으로 인재의 이탈을 만류하는 효과적인 방법을 묻는 질문에 1위는 55.9%로 '기업의 비전과 개인의 성장가능성, 긍정적인 미래상 제시'가 나왔습니다. ESG경영이 전 세계적으로 화두가 되고 있는 요즘 우리 기업은 환경을 생각하고, 소외된 계층을 돕고 있는지, 내가 일하고 있는 것이 사회 어느 부분에 득이 되고, 의미가 있는지 등에 대해 생각하며 자신의 업무와 일치시키는 것이 요즘의 구성원들입니다. 기업의 비전-팀의 비전-개인의 비전을 Alignment 시켜주는 것이 사람을 움직이게 하는 방법이며, 인재의 이탈을 만류하는 중요한 핵심 콘텐츠입니다. 우스갯소리로 "일 잘 하는 사람들은 회사에 안 남아있어~"라고 말하며 웃는 사람들을 본 적이 있습니다. 그 열정을 회사 밖에서 쓰게 하는 게 아니라 조직 내에서 열정을 터뜨릴 수 있도록 하려면 구성원과의 지속적인 진성 커뮤니케이션이 필요합니다. 그 중에서도 지금의 구성원들과 함께 걸어가려면 필요한 것은 피드포워드(Feed Forward)입니다.

피드백과 피드포워드

구분	피드백(feedback)	피드포워드(Feed forward)
초점	성과, 결과물	미래지향적인 아이디어 or 해결책
방법	발생한 문제, 잘못된 행동을 분석하는 기법	성공을 위한 정보나 상황을 미리 제공하는 기법 or 생각해보게 하는 질문
대화 주제	실질적인 현재 상황	미래 그 구성원의 성장
강화 포인트	과거의 실패 문제에 대한 기억과 교정	미래의 변화 가능성에 대한 생각과 의지
주체	피드백을 주는 사람	피드백을 구하는 사람

피드백은 초점이 현재의 성과나 결과물에 맞춰져 있고, 피드포워드는 미래의 관점전환과 해결책에 맞춰져 있습니다. 우리 팀원, 팀장인 나와 함께 하고 있는 구성원이라면 지금의 모습을 교정해주는 것을 넘어 팀과 구성원 미래의 개인적인 모습까지 함께 이야기할 수 있는 리더여야만 '구성원 육성'이라는 리더의 중요한 역량을 채워나갈 수 있습니다.

위의 사례처럼 자신의 일은 잘 하는데 갑자기 파트장이 되어 사람들을 끌고 가야할 때이거나, 자신의 일만 완벽하게 잘 하려고 하는 직원들에게 피드포워드는 더더욱 필요합니다. 물론 필자는 다양한 강의와 컨설팅 시 "우리 직원들은 승진하고 싶지 않아 하고 자신의 일만 잘 하고 싶고 제시간에 퇴근하는 것이 목표에요. 심지어 팀장 자리에 1년 있다가 자리를 내려놓고 다시 팀원으로 일하며 자신의 후배가 팀장이 되어도 그 팀에서 자기 일만 하면서 회사 잘 다니는걸요? 이 방법이 요즘의 구성원들에게 과연 먹힐까요?"라고 말하는 리더들을 많이 만나봤습니다. 그럴 때일수록 피드포워드를 사용해보길 권합니다.

고 팀장: 서 파트장 요즘 업무도 많고 정신없을텐데 파트원들 챙기느라 고생 많죠? 애기도 지금 한참 엄마 찾을 때라 집안 일도 많을 텐데 한명 한명 마음쓰려고 노력하는 모습이 보기 좋아요.

서 파트장: 아휴... 그렇게 봐주시니 감사합니다만 솔직히 제 일 하기도 바쁜데 이런 자리를 맡게 되니까 부담되고 내려놓고 싶기도 하고, 제가 잘 할 수 있을까 싶습니다.

고 팀장: 무슨 마음인지 대략 알거 같아. 나도 처음에 그랬던 것 같구. 어떤 부분이 가장 힘들어요? 내가 뭐 도와줄 부분이 있을까 싶어서요.

서 파트장: 그냥 사람이 제일 힘들죠 뭐. 회의 시간에 내내 시니컬한 발언을 일삼는 사람도 있고, 잘 할 수 있다고 하면서 매번 틀리는 사람도 있고... 제가 못 해서 잘 못 이끌고 있는건지 모르겠는데 쉽지 않네요. 일적으로 봐야 하는데 자꾸 예전 관계부터 생각해서 일부러 저 자신과 팀원들 모두를 힘들게 하는 것 같아서 좀... 저 혼자만의 생각일수도 있지만 그런 생각이 듭니다.

고 팀장: 서 파트장은 팀원일 때도 항상 자기에게 주어진 일은 실수없이 똑부러지게 해내기도 했지만 책임감도 강해서 좋은 평을 많이 들었던 사람이에요. 지금도 일을 너무 잘 해주고 있어서 고맙구. 지금은 파트장이지만 언젠가는 팀장이 될테니 미리 생각해 보면 좋을 것 같아서 얘기해요. 아까 '사람'이 제일 문제다... 라는 말을 했는데 리더는 구성원들의 힘을 빌려 팀의 목표를 달성하는 사람이에요. 내 업무를 잘 해내는 것은 기본이고, 사람 관계까지 잘 가져가는 게 핵심이죠. 팀장 되면 뭐가 제일 힘들 것 같아요?

서 파트장: 저는 팀장 되고 싶지 않습니다 (헛웃음을 웃으며)

고 팀장: 그래, 맞아요. 그 마음이 뭔지도 너무 잘 알구. 하지만 조직에 남아있는 한 언젠가 내게 다가올 일인데, 그때를 위해서 지금 파트장일 때부터 관계를 잘 만들어가는 게 좋을 것 같아요. 2~3년 내에 다가올 일이라면 지금 갈등을 빚고 있는 팀원들과 잘 지내서 조직 내 적을 만들지 않고, 현명하게 우리 파트의 업무도 최고의 성과를 낼 수 있게 하는 게 필요할듯요.

서 파트장: 머리로는 알겠는데 가슴으로는 쉽지 않네요 팀장님. 그래도 걱정해주시면서 진지하게 말씀주셔서 감사합니다.

고 팀장: 아니야, 당연히 서 파트장이 잘 적응해서 팀을 효율적으로 이끌 어갈 수 있다면 내가 도와야죠. 지금 파트장으로서의 모습과 관계가 쌓여서 팀장이 되는거고, 팀장이 되면 더 많은 인원들을 끌고 가야할텐데 조직 내 레퍼런스를 파트장일 때부터 벽돌 쌓듯이 하나하나 가져가면 좋지 않을까 생각해요. 아이 잘 키우고, 이제 부모님도 점점 연세 들어가시면 하나둘씩 어딘가 편찮으실 때 돈도 많이 들어가고... 그런 미래를 위해서 우리가 회사를 다니는건 아니지만 더 나은 미래의 나로 만들어가고 싶다면 이러한 부분도 한번 생각해보면 좋을 것 같네요.

앞의 대화는 코칭 프로세스대로 완벽하게 한 것이 아니라 일부분만 떼어서 보여드린 것이지만 대화 속 내용에는 지지적 피드백, 교정적 피드백, 피드포워드가 모두 담겨 있습니다. 지금 당장 내 앞에 화나는 것, 불편한 마음만 바라볼 것이 아니라 멀리 바라볼 때 파트장의 미래는 어떠해야 하는지? 그리고 초반에 잘못 형성된 관계로 파트의 성과를 떨어뜨리지 않게 처음 파트장이 되면 어떻게 해야 하는지 등에 대해서 알려줄 필요가 있습니다. 코칭은 지금도 그럭저럭 잘 살고 있는 사람에게 더 발전적이고 의미있는 삶을 만들어주기 위해 돕는 학문입니다. 이 부분을 간과하지 말고 조직 내부에서 하나의 부품처럼 여겨지지 않도록, 업무와 삶의 주인공으로서 일할 수 있게 돕는 피드백과 피드포워드를 사용하십시오. 지나간 과거는 바꿀 수 없지만 미래는 내 관점전환과 의지로 바꿀 수 있다는 것이 핵심 포인트이며, 몰라서 못하는 것이지 알려주면 할 수 있고 누구나 스스로 사고할 수 있다는 그 진실을 믿으며 다가가시기 바랍니다. 그런 말을 하면서 말하고 있는 팀장도 그렇게 사고해보려고 더 노력하게 될 것이며, 파트장도 다른 구성원들도 모두 지금만 바라보지 않고 가까운 미래까지는 바라보고 사고하며 결과물을 만들어 갈 수 있을 것입니다.

CHAPTER 6

VS

업무성과 대체 왜 이러는거야?
지금 상황에서 전 최선을 다했는데요?

김 대리는 입사해서 열정을 가지고 열심히 일하던 직원이었다. 승진해서 현재 대리가 되었지만 예전만큼 회사(팀)에 최선을 다하는 느낌을 가질 수 없다. 언제나 본인이 앞장서서 무언가 해결해나가려고 하고, 회사일에 적극성을 띄고 있는 김 대리에게 많은 상사들이 칭찬을 아끼지 않았고, 그런 김 대리는 칭찬 받는 만큼 열심히 일했기에 초고속 승진이 가능하겠다는 소문이 돌 정도의 핵심인재였다.

대리 4년차인 김 대리는 중요도가 높은 업무를 점점 많이 하고 있고, 팀 내의 무게감이 높아가고 있으며, 그 일들을 또 곧잘 해내고 있었던지라 팀장을 비롯하여 팀원들 모두 항상 열정이 있고 가만히 둬도 잘 하는 직원으로 인식되고 있었다. 그런데 그러던 김 대리가 요즘 업무에서 잦은 실수가 생기고, 표정도 부쩍 어두워지고, 거래처 회식자리도 거의 불참하겠다고 하고, 어디 몸이 아픈 게 아닌지 물어봐도 도통 답이 없다. 모두 괜찮다고, 그냥 피곤해서 그런다고, 오늘은 빠지겠다고만 말하는 김 대리의 실망스러운 태도에 사람들은 조금씩 수근거리기 시작했다.

이런 일들이 한 달 정도 반복되자 팀장은 김 대리와 한번 이야기를 좀 나눠봐야겠다 싶어 회의실로 불러 잠깐 대화시간을 가졌다. 대화 초반에는 '아무렇지도 않다, 죄송하다, 다시 한번 정신차리고 잘 하겠다…'라는 말만 반복하는데 더 깊은 대화를 끌어내지 못하는 것 같아 그 정도에서 대화를 마무리하고 각자의 자리로 돌아왔다.

그 이후 잘 하겠다고 자신이 정신차리겠다고 했지만 실수는 계속되었고 점심시간에도 사람들과 어울리기보다는 혼자서 쉬는 시간을 갖고 싶어하는 등 확실히 예전과 다른 모습으로 일하고 있었다. 팀장인 나는 '원래 잘하는 사람이니까 잘 하겠지… 잘 하겠지…' 하면서 괜히 농담을 건네며 너스레도 떨어봤지만 시간을 주며 스스로 나아지기를 기다림에도 불구하고 바뀌지 않는 모습에 화가 났다가, 걱정이 됐다가, 실망스러웠다가, 모든 것을 바꿔주지 못 하는 내 탓인가 싶기도 하고 여러 가지 감정이 반복된다.

팀장은 현재 이런 현상이 벌어진 것을 일찍 알아채지 못하고 있고, 면담 시 적극적인 김 대리가 이 정도로 입을 열지 않는다는 것은 장기간 동안 쌓여온 불신 때문입니다. 신뢰가 무너진 상태에서 속마음을 얘기해봤자 가십거리나 될 것 같고, 괜히 쓸데없는 말이 돌지 않을까… 하는 마음에 김 대리는 마음의 문을 닫아버린 것입니다.

사실 팀장이 되기 전부터 코칭공부를 해서 차근차근 대화하고 방법을 찾으려고 하면 하겠지만 성과라는 것은 주어진 시간 내에 사람을 변화시켜 목표달성까지 이뤄내야 하는 것이기에 쉽지 않은 상황입니다. 실제로 팀장이 하는 일이 너무 많고 현업과 병행하여 정신없이 매일 살아가고 있는 사람들이 많다보니 혼자서 그 모든 것을 다 해낼 수 없을 때가 많습니다. 현실 팀장님들과 대화해보면 "일 쳐내느라 너무 바빠요." "전 말만 팀장이지 직원처럼 현업을 다 하면서 팀장도 해야하는 상황입니다." "저는 인수인계도 못 받고 바로 팀장발령 받았어요." "어쩌다 팀장입니다." "요즘 직원들에게 일 하나 시키려면 눈치보여서 그냥 제가 하는 게 마음 편합니다." 등의 말씀들을 가장 많이 합니다.

이럴 땐 팀 내에서 누가 김 대리의 이야기를 진심으로 들어줄 수 있는지, 관계가 어떤지 생각해보고 나이 차이도 자신보다 덜 나고, 대화도 꽤 잘 되는 사람이 있는지를 찾아볼 필요가 있고 그런 사람에게 도움을 청하는 것도 좋은 방법입니다. 팀 내에는 이 과장이라는 보물이 있다는 것을 인지하고 그 사람에게 도움을 청해봅시다. 신뢰가 낮고 관계가 좋지 않을 때는 연수원에서 배워온 방법으로 코칭을 하든, 리더십을 발휘하든 그 무엇도 영향력을 발휘할 수 없기 때문에 이럴 땐 브릿지(bridge) 역할을 해줄 수 있는 사람이 문제의 실마리를 풀게 될 수도 있습니다. 이 과장을 불러서 김 대리와 대화를 좀 나눠보는 게 좋지 않겠냐고 부탁을 합니다. 이 과장은 김 대리와 성격도 비슷하고 열정도 있고, 팀 내에서 인간관계도 좋은 사람이라 대화를 잘 나눌 수 있을거라고 보여졌기 때문입니다.

이 과장에게 부탁 시 "이 과장! 요즘 ○○업무 때문에 많이 바쁘죠? 잠깐만 나랑 차 한잔 할 수 있나? 한 10분 정도만 할애해주면 될 것 같은데 가능하겠어요?"

(이렇게 팀장이 이 과장에게 부탁을 하고 이 과장과 김 대리가 개인적인 만남을 가진 이후)

하루는 퇴근 후 김 대리와 저녁을 먹으며 술 한 잔을 나눈 이 과장. 술이 한두 잔 들어가니 평소 마음을 터놓고 지냈던 이 과장에게 이런저런 이야기들을 한 모양입니다. 둘 사이에만 알아야 할 말들도 있겠지만 이 과장에게 대략적으로 전달받은 내용은 이렇습니다.

알고보니 지금껏 회사를 위해 진정성있게 달려오기만 했던 자신의 행동에 대해 인정받고 있지 못한 부분, 불공정한 성과평가, 고과로 인해 다른 동기가 승진을 더 빨리 했다고 생각하고 있었고, 사내 mini MBA를 대리급에서 선정했을 때 거기에서도 팀장이 그 동기를 추천하고 김 대리를 추천하지 않아 지적호기심이 많은 김 대리는 섭섭한 마음이 강력하게 들었다는 내용들이었습니다. 이런 현상들이 조금씩 쌓여가면서 팀에 대한 불신, 회사에 대한 미래, 자신의 존재감 등 그 연차에 겪을 수 있는 복잡한 고민과 감정들을 겪고 있었던 모양입니다. 하지만 그럴 수 있다고 생각은 하는데 사내 MBA에 대해서는 아주 쿨~하게 '괜찮다, 다음에 기회 있을 때 가면 된다, 이번에는 어차피 기회가 왔어도 집안사정도 있고 바빠서 공부에 몰입하지 못 했을 것이다, 차라리 잘됐다' 등의 얘기를 해서 당연히 잘 넘어갔나보다 했는데 그게 아니었던 것입니다.

처음에 얘기를 전해 들었을 때는 '팀장인 나에게 이런 얘기를 직접 해주면 얼마나 좋을까?' 하는 생각에 섭섭할 수 있지만 김 대리의 입장에서 한 번 더 생각해보면 이런 얘기를 언제든 바로 할 수 있는 성격이라면 승진 누락 시, MBA교육 기회 시, 불공정한 상황에 닥쳤을 시 그때마다 얘기했을 것입니다. 성실하게 일하면 회사에서 알아주겠지, 공정하게 성과가 매겨져 승진하겠지, 다른 사람은 몰라도 우리 팀장님은 아시겠지... 등의 생각을 갖고 있다면 말하지 않고 그냥 조용히 회사와 사람에 대한 배신감과 섭섭함으로 자리잡을 수밖에 없습니다.

면담 시 대화해야 할 것	면담 시 지양해야 할 것
- 업무에 대한 객관적 · 구체적 인정 - 평가의 객관적 기준 - 사내MBA 선발 기준(곧 있을 비슷한 다른 대안, 연수원 교육 등) - 회사/팀의 방향성	- 부정적인 이야기 (내가 직접 듣지 않은 카더라 통신, 제3자에게 건네들은 이야기) - 희망고문적인 말들 ("승진에 대해서 내가 한번 인사팀에 물어보고 힘써볼게", "아마 잘 될거야. 그 팀 팀장이 내 대학 과후배거든..." 등)

Solution ❷

1. 원인 없는 행동은 없습니다. 팀장은 그것이 무엇인지 바라보고 생각할 줄 알아야 합니다. 대상 직원과 대화가 진행되지 않을 때는 팀장과 직원 사이 신뢰의 문제일 수 있습니다. 이럴 땐 중개자(브릿지) 역할이 돼 줄 수 있는 사람을 투입합니다.

2. 브릿지인 이 과장에게 김 대리와의 이야기를 전해 듣는다 하더라도 나중에 팀장이 김 대리와 추가 면담을 할 때 모든 것을 알고 있다는 듯 김 대리의 고민을 오픈하지 않아야 합니다. "이 과장한테 전해 들으니 ○○부분 때문에 힘들다며?"라는 식의 말이 나가면 그냥 김 대리가 걱정돼서 식사 한 끼 하자고 하는 이 과장의 선의로 받아들였던 것이 내 상황을 캐내기 위한 행동으로 받아들여지는 등 오해의 소지가 생겨 이 과장과의 신뢰마저 깨질 수 있기 때문입니다. 팀장 스스로 비밀로 해야 할 것이며, 오픈해서 대화해야 할 것에 대한 기준을 갖고 있어야 합니다.

3. 리더로서 진심으로 구성원의 고민을 돕겠다는 자세가 가장 중요하며, 리더 자신의 잘못에 대한 객관적인 인정이 있어야 합니다.

유의점

이러한 상황의 면담은 시기도 중요합니다. 이 과장이 만나고 온 바로 다음날 쪼로록 김 대리를 불러서 면담을 하면서 '어제 이 과장한테 다 들어서 알고 있다, 나한테 진즉 얘기하지 그랬냐, 그런 것들을 왜 가슴에 담아두고 꽁꽁 마음고생 하고 그랬냐…' 등 이런 식의 발언은 이 과장과의 관계마저 부정적으로 만들 수밖에 없습니다.

1) 면담시기 — 둘이 만난 후 2~3일 또는 일주일 후 정도의 텀을 두자 (과장이 만나고 온 바로 이후에 면담할 경우 의도된 티가 난다)

2) 면담내용 — 사실(fact) 중심의 객관적 대화를 하려고 중심을 잡자(면담에 들어가서 어영부영 말하지 말고, 미리 이야기 나눌 팩트에 대해 정리해서 들어가자, 팀장만의 면담노트 만들기, 전에 면담 시 어떤 내용들이 있었는지 읽고 참석하기)

3) 면담도입 — 직원의 유형에 따라 다르지만 대화 시작 시 적절한 스몰 토크와 공감을 가질 것(항상 잘 하고 있는 것, 그 사람만의 강점, 그 강점이 어떻게 적용되고 있는지 등)

4) 면담유의 — 이 과장의 개인적인 의견 철저히 배제, 이 과장과의 의리 지켜주기(이 과장이 스파이의 역할이 아니라 조력자, 브릿지의 역할이 될 수 있게)

CHAPTER 7

VS

난 그래도 꽤 괜찮은 팀장이지!
착각은 자유인데,
팀장님 정말 그렇게 생각하세요?

박 팀장은 침울한 마음으로 회사 동기인 이 팀장과 함께 술 한잔 기울이고 있는 중이다.

　　오늘 승진발표가 있었는데 박 팀장은 이번에 승진이 되지 않았기 때문이다. 스스로는 잘했다고 생각했는데 무엇이 잘못된 것인지 답답한 마음이 크다.

박 팀장: 아니. 내가 왜 승진이 되지 않은거야? 팀 프로젝트도 잘 끝나서 성과도 잘 나왔고, 다른 팀에 비해 팀 분위기도 좋고, 어?! 팀원들도 잘 따르고 있는데 답답하다.

이 팀장: 그렇지, 나도 좀 아쉽더라. 너네 팀 성과 참 좋았는데.

박 팀장: 아~~ 이번에 목표 110%나 달성해서 기대했는데, 뭐가 문제일까?

이 팀장: 목표는 잘했는데, 리더십 평가가 좋지 않은거 아닐까?

박 팀장: 아니야~ 우리 팀 분위기가 얼마나 좋다고...

이 팀장: 음... 내가 보기엔 지난번 같이 회의 때 팀원들이 말도 안하고 뭐랄까... 엄청 위축되어 있던데?

박 팀장: 아니야~ 아니야~ 팀 문제는 아니야.

이 팀장: 아니라니까, 박 팀장 너무 강압적이야, 목표를 위해서 너무 팀원들에게 압박을 많이 주는거 같고, 팀원들이 박 팀장을 얼마나 무서워하는데.

박 팀장: ......

　　박 팀장은 다시 술 한잔을 털어 넣으며 생각에 잠긴다.

　　'내가 강압적이라고?, 다 팀을 위해 그런 거지... 아니야 아니야, 난 잘하고 있다고...'

1. 리더에게 중요한 것은 무엇인가?

'뛰어난 리더에게는 어떤 역량이 가장 중요한가?' 이 책을 읽고 계시는 여러분들의 답은 무엇인가요?

동기부여? 기업문화? 성과? 팀원관리? 방향설정? 등 많은 대답이 나올 수 있습니다.

먼저 어떤 역량이 중요한지 알아보기 이전에 2020년 시점에서 리더에 대한 만족도부터 살펴보도록 하겠습니다.

최근 휴넷에서 조사한 기사에 따르면 직장인 512명을 대상으로 '팀장 만족도' 설문조사를 한 결과 54.8%는 불만족스럽다고 답했습니다.

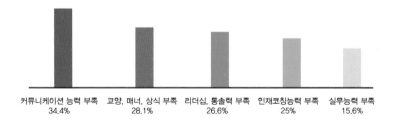

직장인 절반, 팀장 리더십에 만족 못해

당신의 팀장에게 만족하지 않는 이유?

커뮤니케이션 능력 부족	교양, 매너, 상식 부족	리더십, 통솔력 부족	인재코칭능력 부족	실무능력 부족
34.4%	28.1%	26.6%	25%	15.6%

특히 만족하지 못하는 이유(복수응답)는 커뮤니케이션 능력 부족(34.4%)을 가장 많이 꼽았으며, 이어 교양/매너/상식 부족(28.1%), 리더십/통솔력 부족(26.6%), 인재코칭능력 부족(25%), 실무능력 부족(15.6%) 등이 뒤따랐습니다.

요즘 팀장님들은 공부도 하고 책도 많이 보는데, 왜 팀장의 리더십에 대해 절반이 불만족 할까요?

2020년 대한민국 트렌드 리포트에 따르면, 최근 개인의 삶에 집중하는 사회현상이 날로 확대되어 가고 있다는 것을 알 수 있습니다. 겸손, 양보, 화합과 같은 집단주의적 가치는 점차 퇴색하고 적극적인 자기주장과 자기 홍보와 같은 개인주의적 가치가 더욱 중요시되어가는 사회로 변화되어 가고 있습니다.

이런 사회속에서 어쩌면 리더의 '자기애'는 리더로서 적응에 필수인 요소일지도 모릅니다. 팀장으로서 자기 자신을 가치 있고 소중한 존재로 인식하는 것은 중요하기 때문이죠. 그리고 팀의 성과와 이익을 추구하며 스스로가 '잘 하고 있다'라고 생각하는 것도 어쩌면 기업 속에서 당연한 모습일지도 모릅니다. 능력을 인정받아 팀장이 되었기 때문이죠. 바로 이런 리더의 '자기애'가 문제가 될 수 있다는 점을 생각해 보셨나요?

물론 적당한 자기애는 중요합니다. 하지만 지나치게 스스로를 맹신하고, 스스로의 능력을 과대 평가한다면 어떨까요? 많은 팀장님들과 이야기 해보면 소통을 잘한다고 생각하는 팀장님들이 많습니다. 실제로 그런 팀장님들 중에 정말 소통을 잘하시는 분도 계십니다. 하지만 제가 만나온 팀장님 10명 중 7~8명은 스스로 소통을 잘한다고 생각하지만, 그 소통의 방식이 잘못된 경우가 정말 많았습니다.

2003년 미국에서 자존감/자기애를 연구한 로이 바우이마스터(Roy F. Baumeister)라는 사회심리학자가 있습니다. 30년간 축적된 15,000건의 자존감 연구를 분석하며 다음과 같은 결론을 제시했습니다.

"자존감은 성공과 개인적 성취를 예측해주는 주요 변인도, 원인도 아니다.
오히려 낮은 자존감 때문이 아니라 높은 자존감 때문에
다양한 사회문제가 발생한다."
로이 바우이마스터

또한 노벨상을 수상한 행동경제학자 대니얼 카너먼도 유사한 연구를 했습니다. 'Better than average Effect', 즉 '평균 이상 효과'라고 합니다. 자기애에 빠진 사람들은 평균보다 본인 스스로를 과대 평가하고 있다는 사실입니다. 이와 비슷한 연구는 아래와 같이 정말 많습니다.

1. 샌프란시스코 1000명 지역공학자 연구 35% 인원이 자신이 상위 5%라고 생각한다(Todd R. Zenger, 1992).
2. 전문직을 포함한 직장인 1만 3천명 조사(스스로 평가한 업적과 객관적인 업적평가는 아무런 상관 관계가 없다.)(Paul A. 1982)
3. 대학교수의 94%가 자신이 교수직을 수행하는 데 있어서 평균 이상이라고 생각한다(K. Patricia Cross, 1977).

심리학에서는 "CEO Diseases(최고경영자병)"라고 말하는 용어가 있습니다. 회사에서 높이 올라가면 올라갈수록 자신을 잘 알게 될 가능성은 낮아진다는 용어입니다. 본인이 원하지 않더라도, 직함이 올라가고 위상이 올라가고 많은 권한이 늘어나면서 나는 그대로이지만 타인이 바라보는 피드백을 받는 것은 어려워집니다. 스스로 '나는 변하지 않았어'라고 하더라도 시간이 지나고, 직급이 올라가면 자연스럽게 그렇게 될 수밖에 없습니다.

그렇다면 다시 처음 질문으로 되돌아가 볼까요? 뛰어난 리더에게는 어떤 역량이 가장 중요할까요?

바로 올바른 자기인식(Self-awareness)입니다. '자기지각'이라고도 불리는데 '자기인식'이란 나 자신과 타인에게 보이는 자신의 모습을 이해하려는 의지와 기술이라고 생각하면 됩니다(*최근 감성의 리더십, EQ라 불리는 감성지능에서도 자기인식은 가장 중요한 요소로 포함되어 있습니다).

그렇다면 어떻게 올바르게 자기인식을 할 수 있는지 알아볼까요?

2. 자기인식의 핵심-피드백 받기

자기인식을 하기 위해, 아니면 단순한 재미로 온라인상에 있는 다양한 성격검사들을 이용하며 스스로의 성격, 성향을 파악하기 위해 노력한 경험이 있지 않으신가요?

이러한 다양한 검사들도 자기인식을 높여주는 하나의 방안이 될 수 있습니다. 개인의 성격을 스스로가 인지하게 되고, 스스로의 행동을 되돌아보는 계기가 될 수 있기도 하기 때문입니다. 하지만 성격검사는 자기인식에 도움을 주지만, 자기인식을 완벽하게 할 수 있는 충분한 도구는 아닐수 있습니다.

가장 큰 이유로 다양한 검사 자체가 상황을 일반화시키기 때문입니다. 우리는 외향적이라고 하더라도 상황에 따라 내향적으로 행동할 때도 있고, 반대로 내향적이라고 하더라도 상황/환경에 따라 외향적으로 행동할때도 있습니다. 이처럼 검사가 과학적으로 이루어졌더라도 모든 상황을 대변하기는 어려운 것이 사실이기 때문에 정확성이 떨어질 수 있는 부분을 인지하고 있어야 합니다.

두 번째 이유로 검사는 스스로 평가를 하는 방법이기 때문입니다. '어? 스스로 평가하는 것이 뭐가 문제지?'라고 생각할 수 있습니다만, 위에 언급했듯이 스스로를 과대평가하거나 스스로를 잘못 인지하고 있는 문제가 있다면, 검사를 솔직하게 했더라도 정확한 검사라고 보기 어려울 수 있습니다. 이처럼 검사는 자기인식에 도움을 주지만 한계는 분명히 존재합니다. 그렇다면 이러한 검사를 보완할 수 있는 방안은 무엇일까요?

바로 피드백입니다.

올바른 자기인식은 '내가 생각하는 나'에 대한 부분도 포함하지만, '타인에게 보이는 나'도 포함됩니다. 즉 내가 바라보는 나를 생각하고, 내가 생각하는 나를 고찰한다는 것은 절반만 바라본다는 의미입니다. 그 방법이 틀리다는 이야기는 아닙니다. 하지만 충분하지 않다는 것입니다. 최근에 회사에서 성과를 평가하는 것, 상사에게 피드백을 받는 것 이외에 타인에게 피드백을 받은 경험이 있으신가요?

SBS '골목식당'이라는 프로그램이 있습니다. 이 프로그램은 백종원 대표가 식당의 문제를 찾아내고 해결 방안을 피드백하여 개선하는 프로세스로 진행되는 TV 프로그램입니다. 프로그램에서는 경영에 어려움을 겪고 있는 다양한 식당이 나오는데, 각기 다양한 문제점을 갖고 있습니다.

백종원 대표가 전문가로서 이러한 문제점을 파악하고 피드백 하는 내용은 음식의 레시피부터 가격대, 메뉴구성, 손님응대법, 주방청소, 장비, 리모델링까지 참 다양합니다.

하지만 이렇게 피드백 할 때 사장님들의 모습은 모두가 "와~ 대단해요!", "최고입니다!"라는 반응이 아닙니다.

대부분의 사장님들은 아래와 같이 반응하는 것이 일반적입니다.

"몰랐습니다", "이런 것까지 해야 하나요?", "이렇게 하면 될 줄 알았습니다", "맛있다고 생각했어요" 어떤 곳은 이런 디테일하고 생각하지 못했던 피드백이 너무 아파서 그런 피드백을 거절하고 '솔루션 불가'를 선언하기도 했었습니다.

이러한 백종원의 골목식당 사례에서 보듯이 피드백을 받는 것은 누구나 어렵습니다. 받아들이기 쉽지 않습니다. 리더에게도 마찬가지입니다. 긍정적인 피드백은 달콤하겠지만, 부정적인 피드백은 나에게 칼날처럼 다가오기 마련입니다. 하지만 이러한 부정적인 피드백을 받고 개선을 한다면, 백종원 대표의 피드백을 받아 점차 나아진 골목식당들처럼 리더도 피드백을 받아야 성장할 수 있지 않을까요?

자기인식을 높이기 위해서는 진실에 귀를 기울여야 합니다. 때로는 그 진실에 상처를 받을 수도 있습니다. 진정한 리더라면 진정으로 스스로를 잘 이해하기 위해서는 '니들이 지금껏 열심히 살아온 나에 대해서 뭘 알아?'라고 회피하기보다는 직면할 수 있는 '피드백을 받을 용기'가 필요합니다.

3. 피드백의 방법

그렇다면 피드백을 어떻게 받아야 할까요? 리더가 피드백을 받을 수 있는 내용과 방법은 정말 다양하고, 무궁무진합니다. 먼저 내용적 측면으로 바라본다면 회사 내에서 이루어지고 있는 기본적인 성과/결과에 대한 피드백부터 시작해서 개인 성향/성격에 대한 피드백, 대화 스타일, 업무추진 스타일, 팀원을 이끄는 스타일, 조직 내 활동에 대한 피드백까지 다양한 내용을 피드백 받을 수 있습니다. 방법적인 측면들도 온라인 360도 피드백, 1:1 심층 피드백, 무기명 피드백 등 다양한 방법이 있습니다.

본 책에서는 모든 것을 다룰 수 없기 때문에 쉽게 해볼 수 있는 피드백 방법을 소개해 보도록 하겠습니다.

　　Hay/Mcber Consulting에서 무작위로 추출한 경영진 3,800여 명을 대상으로 연구한 결과에서는 리더십 스타일을 크게 여섯 가지로 구분하고 있습니다. 이러한 각각의 리더십 스타일은 기업 전체나, 팀, 근무환경, 성과에 직접적인 영향을 준다는 연구결과를 내고 있습니다.

　　이런 연구결과는 2002년에 출간된 "Primal Leadership"에서도 다루어졌으며, 2011년 'HBR(Harvard Business Review) 10 Must Review'에 포함될 만큼 공신력을 가진 스타일입니다.

스타일	특징	효과적인 상황	부정적인 요인
지휘형 리더십	나를 따르라	• 문제직원을 다룰 때 • 빠른 결과와 변화를 원할 때 • 위기 상황에서 실패 위험이 클 때	팀원의 의욕저하, 자부심저하 불만가중, 유연성저하
비전제시형 리더십	나와 함께 갑시다	• 장기적 목표가 중요할 때 • 자율적 환경	전문가인 팀원이 없는 경우 업무적 이슈발생이 클 수 있음
관계중심형 리더십	사람이 우선입니다	• 스트레스가 많은 상황에서 직원들을 격려할 때	성과 개선 어려움 업무적 피드백이 부족할 수 있음
민주형 리더십	논의를 해볼까요?	• 동의나 합의를 구할 때 • 직원들의 의견이 필요할 때 • 주도성이 필요할 때	동기가 적거나, 전문성이 없는 경우 효과적이지 못함 끝없는 회의, 느린 결정
모범형 리더십	나를 따라하세요	• 빠른 성과를 내야 할 때 • 신입직원의 육성 차원	자율성 압박, 수동적 태도, 동기 저하
코칭형 리더십	이렇게 해보면 어떨까요?	• 직원의 실적개선을 돕고 장기적 강점 개발이 필요할 때	스스로 개선의지 없으면 부적합 리더의 많은 지원 필요, 위기상황에서 부적합

출처: Preparing to Manage Human Resources(Coursera), Primal Leadership(Richard Boyatzis, Annie McKe, Goleman, 2002)

위와 같이 여섯 가지 각 스타일이 있는데, 여기서 가장 중요한 점은 *"최고의 성과를 내는 리더는 한 가지 리더십 유형에 의존하지 않는다"*라는 결과가 나왔다는 것입니다.

즉 어떤 스타일이 좋고 어떤 스타일은 나쁘고를 판단하는 것이 아닌 회사의 환경, 팀의 환경에 따라 다양한 스타일을 유연하게 이용하는 리더가 성과를 창출하는 데 더욱 유리하다는 것이었습니다.

👆 Step 2. 나의 리더십 스타일은?

Step 1.에서 리더십의 종류를 배웠다면, 이제 자신의 리더십은 각각 어떠한지 다음 표에 자신의 생각을 적어보도록 합니다. 모두 적는 것이 아닌 "내가 생각하는 해당 리더십 사용 빈도"에 대해 적고 해당 스타일을 왜 이용하는지 적어봅니다. 그리고 그 스타일의 장/단점도 한번 스스로 생각해 봅니다.

스타일	내가 사용하는 리더십 빈도(%)	해당 스타일을 사용/미사용하는 이유	내가 사용하는 해당 스타일의 장/단점은?
지휘형 리더십			
비전제시형 리더십			
관계중심형 리더십			

민주형 리더십			
모범형 리더십			
코칭형 리더십			
총	총 100%	(종합적인 생각)	

본인이 생각하는 스스로의 리더십 스타일을 바라보고 생각해 보았다면, 이제 본격적으로 타인의 피드백을 받아보는 시간입니다.

물론 남들이 우리를 어떻게 보는지 알아내려는 시도는 어려울 수밖에 없습니다. 부정적인 정보를 솔직하게 말하기 어렵기 때문입니다. 하지만 리더로서 한번쯤은 꼭 필요한 작업이라고 생각합니다. 이런 피드백을 받을 때 주의사항을 꼭 기억하고 진행해 주시기 바랍니다.

1. 최대한 적절한 피드백 제공자를 선택해야 합니다.

상대방은 대충할 수도 있고, 올바르게 하지 않을 수도 있습니다. 간혹 친밀한 사람들에게만 요청하는 경우도 있는데, 친밀함과 신뢰도는 다르기 때문에, 친밀한 사람들뿐만 아닌, 나의 성공을 진심으로 바라는 사람들이나 옳은 소리를 하는 사람들을 꼭 포함하여야 합니다. 더불어 요청할 때 잔인해도 좋으니, 솔직하게 해달라고 요청을 충분히 해야 더 좋은 피드백을 기대할 수 있습니다.

2. 적절한 프로세스로 질문해야 합니다.

a. 상대방에게 피드백 관련된 동의를 구해야 합니다. 그리고 식사/술 등으로 먼저 가볍게 약속을 잡습니다.

b. 식사 이후에 출력된 [Step 1, 2]의 내용을 상대방에게 명확하게 설명하고 스스로에 대한 생각을 충분히 말합니다.

c. 모호하게 "너의 생각은 어때?"라고 묻지 않고 상황/내용을 포함하여 "이런 부분에서 어떤 것 같아?"라고 명확하게 질문하고 피드백을 듣습니다.

　예) "회의할 때 민주적으로 막내 직원까지 모두 한마디씩 들어보려고 하는데 진행방식이 어떤 것 같아?"

3. 피드백 이후의 반응이 중요합니다.

상대가 피드백 했을 때 화를 내거나, 거부를 한다거나, 해명하려 들면 앞으로의 피드백의 내용은 점차 진실과 멀어지기 마련입니다. 그렇기 때문에 상대가 이야기하는 부정적 내용에 어떻게 수용, 반응, 대응할지를 미리 생각한 후 시작하기를 추천 드립니다.

02

팀 문화

CHAPTER 8

가족처럼 잘 지내자.
내 가족은 집에 있어요.

30대 초반 미혼인 한 과장이 승진 후 연고도 없는 지역으로 전환배치 된 첫 날이다. 박 팀장은 한 과장이 어색하고 적응하기 힘들까봐 잘 챙겨주고 싶은 마음이다.

박 팀장: 오늘 강남지사에서 한 과장이 우리 지사로 새롭게 전배 왔어요. 이번에 승진하고 왔는데 우리 지역 근무는 처음이라니까 가족처럼 잘 챙겨주시기 바랍니다.

한 과장: 안녕하세요? 제가 서울에서만 살아봐서 많은 것이 낯선데 잘 부탁드립니다.

강 차장: 한 과장! 환영해요. 우리 지사는 전국에서도 분위기 좋기로 소문난 곳인데 잘 지내보자구요!!

며칠이 지난 어느 날 아침!!

박 팀장: 한 과장! 아침밥은 잘 먹고 다니는 거지?

한 과장: 고맙습니다. 팀장님! 뭐 간단하게 먹었어요.

박 팀장: 객지에선 잘 먹어야지. 내가 가까운 곳에 지~인짜 맛있는 파스타 맛집 하나 찾았는데 저녁 같이 먹을까? 내가 환영의 의미로 살게.

한 과장: 네? 아... 저 파스타 정말 좋아하는데. 그럼, 제가 사드리겠습니다.

그렇게 한 달 후!! 평소와 다른 모습으로 출근한 한 과장에게 칭찬도 하고 관심표현을 했는데 한 과장이 당황스러워 하는 낯빛이 보여서 박 팀장은 무슨 일 때문인지 신경이 쓰인다.

강 차장: 어머!! 한 과장 옷이 너무 예쁘다. 립스틱 컬러랑 세트로 맞춘 것 같아요. 어디서 샀어요? 좋은 거 있을 땐 같이 공동구매하자구요.

한 과장: 아. 네! 저도 선물 받은 거라...

강 차장: 그래? 지난 주말에 좋은 데 갔다 왔나봐? 자기 카톡에 올라왔던데 거기 어디에요? 누구랑 같이 갔었어요?

한 과장: (흠칫 놀라며) 아... 네... 그냥 친구랑...

강 차장: 그리고 인스타 팔로우 신청했는데 못 봤어요? 아직 수락 안 했네?

한 과장: 아.... 제가 못 봤나봐요.

　　우리 지사는 모두 친근하고 유쾌하게 대화를 나누는 편이라 못 느꼈는데 한 과장은 굳이 알리고 싶지 않은 자신의 개인적인 일상에 지나치게 관심을 갖는 것에 깜짝 놀라는 듯했다. 가족 같은 분위기의 사무실이지만 사생활을 침해받는다는 느낌이 들어 부담스러워 하는 것 같았다.

> **1 친밀함이 조직에 긍정적인 영향을 미치지만 금기시해야 할 것이 있습니다.**

<최고의 리더는 사람에 집중한다>•의 저자 수전 파울러(Susan Fowler)는 타인에게 관심을 기울이거나 타인의 관심을 받고 싶은 욕구, 타인과 연결되어 있다고 느끼고 싶은 욕구, 자신보다 중요한 무언가에 기여하고 있다고 느끼고 싶어 하는 욕구를 '관계성'이라고 정의하였습니다. 보통 사람들은 깨어 있는 시간 중 75%를 일과 관련하여 보낸다고 합니다. 하루의 대부분을 보내고 있는 직장에서 관계성의 욕구를 충족하지 못하고 회사 밖(가족, 동호회, 기타 모임 등)에서만 만족한다한들 무언가 부족한 것처럼 느껴질 것입니다.

그렇기에 팀장은 직원들이 직장에서 의미를 찾고, 사회적 목적에 기여하며, 건전한 대인관계를 갖도록 돕거나 그런 환경이 조성될 수 있는 조직문화를 구축해 나가야 합니다. 그러기 위해 직원들이 회사에서 어떤 느낌이 드는지에 대해 더 많은 관심을 기울여야 하고, 그들의 감정을 헤아리는 기술을 익혀야 합니다. 2019년 말 중국 우한(武漢)에서 발생한 코로나19로 인해 전 세계가 사람들과 접촉하는 것을 극도로 두려워하는 상황에서 '직원들이 관계성을 어떻게 경험할 수 있도록 도울 것인가'에 대해 팀장들의 고민은 깊어질 수밖에 없습니다.

• 최고의 리더는 사람에 집중한다. 구글과 애플을 변화시킨 세계적인 리더십 전문가가 밝히는 비밀 (저자 수전 파울러, 가나출판사, 2015.10.5.)

• 직장에서 주의해야 할 대화주제 10가지 •

	대화주제	주의사항
1	종교	비교하거나 감정이 격해질 수 있으며, 네 편/내 편을 가르기도 한다.
2	정치	
3	자신의 성격	성격이 급한 사람들이 대부분 자신을 먼저 드러낸다. 하지만 나의 급한 성격이 나중에 어떻게 언급될지 모르니 주의하자.
4	건강	업무에 지장이 가는 수준의 문제가 아니라면 굳이 언급하지 말자. 안 좋은 건강에 대한 이야기가 직장 내 좋은 발전의 기회를 잃거나, 문제가 될 수도 있으니 유의하자.
5	재산	연봉, 성과급, 그 외의 소득에 대해 언급하지 말자. 요즘은 "어디 사세요? 집이 어디세요?", "어머 비싼 동네 사시네요." 이런 표현도 하지 않는다.
6	연인	회사 일이 바쁘거나 직원 자신의 일에 문제가 생기면 꼭 "왜 애인이랑 어디 놀러가?", "프사에 있는 사진 그 사람이 애인이야?" 등 사적인 대화나 직장 내 성희롱 문제로 번질 때가 있다.
7	가족	힘든 가정사라면 잠깐의 이목을 끌거나 동정심, 격려의 말을 들을지는 몰라도 괜히 나에 대한 이미지만 형성될 뿐 어차피 가정문제는 개인인 내가 해결할 수밖에 없는 것이니 나만 힘든 듯 떠벌리지 말자(마음을 터놓을 수 있는 누군가가 있다면 몰라도).
8	성	젠더감수성을 함양하자, 성에 대한 대화는 안 하는 것이 기본이다.
9	개인적인 계획	'나중에 사업을 하고 싶다, 휴가는 어디로 갈거다, 책을 내고 싶다' 등 이런 개인적인 꿈들이 나에게 화살이 되어 돌아올 때도 있다.
10	퇴근 후 계획	점심시간, 퇴근 후, 주말 등에 대해 상대방이 먼저 이야기하지 않는 한 묻지 말고, 그냥 온전히 스스로의 시간으로 즐길 수 있도록 배려한다.

* 젠더감수성(성인지감수성): 성별 간의 불균형에 대한 이해와 지식을 갖춰 일상생활 속에서의 성차별적 요소를 감지해 내는 민감성

8. 가족처럼 잘 지내자. vs 내 가족은 집에 있어요.   81

그러나 박 팀장과 직원들의 사례는 지나친 관심과 배려가 부담스러운 관계성 과잉인 상태라고 할 수 있습니다. 사내에서 개인적인 이성과 가족문제 또는 네 편과 내 편이 나뉘어 질 수 있는 정치와 종교문제 등은 대화주제로 적당하지 않을 수 있습니다. 신종 코로나 이후 전 세계적으로 정치·사회적 대립이 격화하면서 이런 문제로 고민을 토로하는 직장인이 늘고 있습니다.•

'아니, 이 정도면 직장에서 일 외에는 대화하지 말고 살라는 건가요?' 라고 말하는 팀장들도 많을 것입니다. 같은 공간에서 같은 목표를 가지고 일하다 보면 당연히 친해질 수밖에 없다는 것을 잘 알고 있습니다. 하지만 이 취지는 관점, 삶의 가치관, 성격도 모두 다른 우리가 서로에게 무례한 말을 하거나 편 가르기 등의 편견 덩어리가 되지는 않을지, 논란의 여지가 없는 상태에서 일하는데 서로 도움이 되기 위해 어떻게 배려하는 것이 좋은지가 핵심입니다. 누군가가 먼저 다가와서 대화를 하더라도 상대방이 느끼기에 불편한 주제를 이야기하면 문제가 될 수 있습니다. 자제해달라고 말할 수 있는 문화, 다른 주제에 대해 이야기하자고 소재를 돌릴 수 있는 환경을 만들어야 합니다. 그리고 그 이전에 각자 이런 것에 대해 유의해야 한다는 것을 팀 내에 공유하고 스포츠, TV, 영화, 책 등에 대한 이야기를 가볍게 나누는 것도 좋습니다. 친밀감 형성을 위한 긍정적 관계성의 욕구를 충족시키기 위해 직장 내 건쟁대화(건강하고 재미있는 대화)를 해나가는 것이 성숙한 조직문화를 만들어 갈 수 있는 첩경입니다.

• "회사 대화방서 정치토론 하지마" vs "충격적 사건땐 감정 나눌 공간 필요" (조선일보, 2021. 5.14.)

2 상호존중의 조직문화 만들기

과거 우리는 성장위주의 경제구조 속에서 개인보다 직장을 우선시 생각하는 사회적 분위기가 있었습니다. 최근에는 직장과 개인생활의 균형을 넘어 개인생활에 대해 최대한 보호를 강조하는 사회로 진입하고 있습니다. 사생활을 보호받고 싶어 하는 한 과장의 마음은 지극히 당연한 것입니다.

한국사회는 대다수 사람들이 같은 지역과 학교, 군대 등 여러 형태로 형성된 인간관계 속에서 유대관계를 맺고 살아갑니다. 앞에 사례에서 보는 회사의 직원들은 공동체로 형성된 끈끈함과 더불어 직장에서 얻은 친밀감이 주는 여러 가지 긍정적인 효과를 경험했을 것입니다. 우리는 이런 분위기 속에서 일하는 회사를 '평생직장'이라고 부르며 좋은 일터로 생각하기도 합니다.

그러나 우리는 '가족'이라는 편안함 속에 종종 긴장의 끈을 놓는 경우가 많고 부모, 형제, 자식 간에 타인보다 못한 모진 말과 행동으로 상처를 주는 경우를 많이 경험하곤 합니다. 실제 가족에서도 이런데 하물며 직장에서 가족과 같은 편안함을 기대하고 행하는 격식 없고 배려 없는 언행이 서로 간 상처를 주는 것은 어쩌면 당연한 일일지 모릅니다. 우리는 서로 친해지거나 혹은 친해지기 위해서 말을 놓는 경우가 많습니다. 그러나 오해를 불러일으킬 수 있는 하대언어 '반말'보다 격식과 예절의 언어인 '존댓말, 존칭어'를 사용하는 것도 하나의 방법입니다. 그래서 최근 '○○님'이라고 부르는 문화가 확산되고 있습니다.

실제로 외국계 기업이 아니어도 국내 다수의 기업들이 수평적 조직문화로 팀 내 심리적 안전감을 만들고, 직급에 상관없이 의견을 자유로운 분위기에서 제안하고, 창의적 아이디어 공유, 효과적인 업무적 협업 등을 위해 대표부터 신입사원까지 모두 영어이름을 사용하는 회사들이 많이 늘어나고 있습니다. 호칭만이 아니라 문화도 함께 변해야 하지만, 이런 작은 움직임들부터의 변화가 하나씩 쌓이면 더욱 성숙한 조직문화로 바꿔나갈 수 있습니다.

박 팀장의 경우 혼자서 회사 전체의 분위기를 일시에 바꾸기는 사실상 어렵지만 팀 내 영향력을 행사할 수 있는 팀장으로서 먼저 후배직원들과 존댓말을 사용한 대화를 해보셨으면 좋겠습니다. 한 번에 바꾸기 어렵다면 요일을 정해서 **일주일에 하루 정도 '존중의 날'**로 정하고 시도해볼 것을 제안합니다. 각 공공기관 및 기업에서는 수평적 조직문화 확산을 위해 매월 11일을 '상호존중의 날'(1=1 서로 동등하게 존중하고 배려한다는 의미)로 지정 운영하고 있으며 **서로 존댓말**(배려하는 언어) **사용하기, 웃으며 인사하기, 칭찬 주고받기, 책임감있는 업무 자세, 직원 간 사생활 존중, 건전한 회식문화, 부당 업무 지시 근절** 등을 실천하고 있습니다. 회사 사정에 맞게 '3회 이상 지키지 못할 경우 1만원' 등을 납부하여 간식비용으로 활용하는 약간의 귀여운 벌칙제도(기분 좋게 쓰일 수 있는 기준을 갖고)를 운영할 경우 재밌게 실천하면서 자발적으로 참여를 유도할 수 있을 것입니다.

3 업무로 "연결되지 않을 권리"가 있지만, 서로 수용할 수 있는 기준을 만들자.

프랑스는 근로자가 근무시간 외에는 전자우편이나 휴대전화 등으로 업무와 관련된 연락을 받지 않거나, 연락을 받더라도 대응하지 않을 권리, 즉 **'연결되지 않을 권리(Right to disconnect)'**를 노동법에 반영하여 2017년부터 시행하고 있습니다. 독일은 이보다 앞서 2013년에 '안티스트레스(Anti-stress) 법' 지침을 마련하여 노동시간뿐만 아니라 휴식시간을 명시하였고, 공식적인 노동시간 외 휴식시간에는 스마트기기 등을 통한 업무지시를 받지 않도록 하고 있습니다.• 한국노동연구원이 2016년 발표한 자료에 따르면 전체노동자 10명 중 7명이 퇴근 후에도 스마트폰 등으로 업무를 하고 있으며, **주당 약 11시간 정도 더 하는 것으로 나타났습니다.••** 또한 사람인(구인구직 매칭플랫폼)에서 '20년 3월 발표한 조사자료•••에 따르면 퇴근 후 업무지시가 규모가 작은 중소기업보다 대기업과 중견기업에 더 많이 일어나는 것으로 나타났습니다.

• 프랑스, '퇴근 후 업무 지시 문자 금지' 법제화(http://www.bloter.net/archives/270009)
•• '스마트폰'으로 초과근무 만연… 일주일에 11시간 더 일해 (경향신문, 2016.6.22.)
••• 말로만 연결되지 않을 권리… 직장인 10명 중 6명 "퇴근 후 업무지시 받아" (뉴스1, 2020. 3.16.)

구 분	대기업	중건기업	중소기업
퇴근 후 업무지시를 받은 비율	57.2%	60.5%	59.2%
주당 업무지시 횟수	3.2회	2.9회	2.6회

지난 20대 국회에서 발의되었다가 폐기된 근로기준법 일부개정안(일명 '퇴근 후 카톡 금지법') 등 '연결되지 않을 권리'를 입법화하기 위한 다양한 노력들이 있지만 국민여론 등 국민정서상 큰 동의를 얻지 못하고 있습니다. 그러나 최근 코로나19로 인해 재택근무가 근무의 한 형태로서 확대되고 있는 시대상을 고려하여 2020.9.16. 고용노동부가 발표한 '**재택근무 종합 매뉴얼**'•에서 재택근무가 사생활과 혼재되어 근로자의 휴식권이 침해될 가능성이 높기 때문에 사용자는 근로시간 이외의 시간에 전화나 모바일 메신저 연락은 자제해야 한다고 언급하고 있습니다.

박 팀장은 먼저 본인이 이러한 시대적 변화를 사전에 충분히 공감 및 체득하고 팀원들에게 잘 전달하여 긍정적 변화를 이끌어낼 수 있도록 리더십을 발휘해야 합니다. 예를 들어, '직원간의 소통은 9시~6시 근무시간 내에 사내 시스템을 통해서만 한다.' 아주 예외적인 경우를 제외하고 인터넷 기반인 카톡, 트위터, 인스타, 페이스북 등 각종 SNS를 활용하지 않는 것도 좋은 방법이 될 수 있습니다. 많은 기업들이 회사 인트라넷이 잘 갖춰져 있어 그쪽으로만 정해진 시간에 소통할 수 있도록 하고, 시스템이 갖춰져 있지 않은 기업이라면 어떤 채널을 통해, 언제까지 소통할 것인지 팀 내 합의하에 움직이길 권합니다.

• "카페서 재택근무 할 수 있나요?"… 고용부, '재택근무 매뉴얼' 발표 (동아일보, 2020.9.16.)

CHAPTER 9

일이 있으면 야근도 해야지~
칼퇴는 당연한 직원의 권리 아닌가요?

요즘 경쟁사의 신제품 출시로 사내 분위기가 좋지 않은 상태다. 우리 회사도 경쟁사에 맞서 신제품 출시 일정이 앞당겨져 예정보다 신속하게 공격적인 마케팅을 추진하라는 본부장님의 말씀이 있으셨고, 그 이야기 전달을 위해 박 팀장은 긴급 회의를 소집한다.

직원들은 '퇴근시간 얼마 안 남았는데 별일 없어야 하는데...' 하는 불안한 마음으로 회의테이블에 앉는다. 회사가 성장해야 직원도 성장한다는 것은 누구나 알지만 하필 그 회의가 시작 시간이 금요일 오후 3시를 넘었고, 급하게 지시받은 내용을 해내려면 야근은 기본, 잘못하면 주말에 추가근무를 해야 하는 사람도 생기는 상황이다. 팀장의 말이 진행될수록 팀원들 모두의 고개는 업무수첩과 회의테이블로 고정됐고, 초점없는 눈빛으로 앉아있다.

고생한 일주일을 보상받는 기분으로 보내야 하는 소중한 불금. 만약 약속이 없다면 마트에 들러 맛있는 것이라도 사들고 귀가해서 시원한 맥주 한잔과 함께 쉬려고 했던 금요일의 계획이 깨지거나, 친구/가족들과 한두 달 전부터 잡아놨던 일정에 지장이 생긴 사람도 여럿이다. 예상치 못하게 업무를 시키는 일은 이번만이 아니다. 회사를 위해서는 해야 하지만 언제나 원칙없이 닥치는대로 업무 오더를 내리는 상황에 대해 이해할 수 없어 힘들어하는 마케팅본부의 모습이다.

찬물을 끼얹은 듯한 테이블에서 팀원들 중 최 사원이 침묵을 깨고 이야기를 한다.

최 사원: 팀장님, 오늘 금요일이라 미리 잡혀있던 일정이 있어서 저는 칼퇴를 해야 하는 상황이라 어렵습니다. 대신 6시까지 할 수 있는 만큼 하고 저는 퇴근해야 할 것 같습니다.

박 팀장: 누구나 다 그럴 거예요. 여기 금요일 저녁에 일정 없는 사람들 없

을 거라 생각하고, 매번 그러는 것도 아니고 현재 경쟁사 문제도 있고, 우리 하는 업무 자체가 원래 시간을 다투는 업무다 보니 이번 이슈는 고생을 좀 해야 하지 않을까 싶어요. 우선 이러고 있을 시간이 없으니 각자 자기 자리 돌아가서 어디까지 어떻게 진행할 건지 계획 잡아서 각자 파트별로 저에게 보고 좀 해주세요. 고생 좀 합시다, 여러분!

사실 팀장도 이런 상황이 싫은데 꼭 팀장이 시켜서 상황이 이렇게 된 것마냥 말을 예쁘게 하지 않는 팀원들의 모습에 팀장은 또 팀장 나름대로 섭섭하다.

사실 회사를 모두 아끼는 사람들이라고 해도 팀장을 비롯해 누구도 금요일 퇴근시간이 임박해 남아서 일하고 싶은 사람은 없을 것입니다. 그렇다면 팀장은 어떠한 관점으로 바라보고 고민해야 할까요?

대한상공회의소는 "의무중심으로 생각하는 윗세대(40~50대)는 맡겨진 일을 우선하는 반면, 권리중심으로 생각하는 아랫세대(20~30대)는 근로계약서상 근무시간을 중요시한다."고 분석했습니다.

직장인 세대차이 체감도 · 업무 부정적 영향도

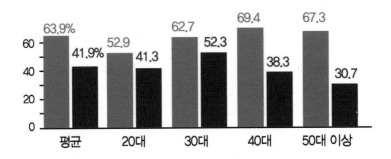

30대 대 · 중견기업 직장인 약 1만 3천명 실태조사 및 세대별 심층 면접 후
작성된 '한국기업의 세대갈등과 기업문화 종합진단 보고서'결과

■ 세대차이 체감도
■ 세대차이가 업무에 부정적인 영향을 미치는 정도

출처: 대한상공회의소

직장인 세대차이 체감도/업무 부정적 영향도에 대해 30대 직장인 세대

차이는 62.7%, 40대는 69.4%, 50대는 67.3%가 직장인 세대차이를 느낀다고 답해 윗세대들의 세대차이에 대한 체감이 크다는 것을 알 수 있습니다. 앞서 그림 외에 50대의 51.9%는 리더의 지시가 명확하다고 답했지만, 30대는 같은 질문에 21.3%만 긍정했고, 아랫세대는 조직이 '주먹구구'식으로 돌아간다고 보고 있다고 분석했습니다. 또한 보고서에 따르면 50대 직장인 87.9%가 '조직이 성장해야 내가 있다'는 항목에 동의한 반면 20대는 57.6%만 이에 동의했습니다.

후배직원들의 특징 중 하나는 '명확함, 공정함'을 중요시 한다는 것입니다. 또한 금요일 오후인 이 상황이나 다른 평일에도 퇴근시간에 임박해서 오더를 내리는 것을 아무렇지도 않게 생각하는 윗선에 대해 처음에는 직급이 낮으니 순순히 따라오는 것처럼 느껴질지 모르겠지만, 그것이 반복된다면 신뢰를 잃어버릴 수밖에 없습니다.

갑자기 야근, 급작스러운 추가근무, 주말근무 등을 해야 하는 상황이 벌어졌을 때 회사의 방향대로 업무를 따라오지 않는 직원에 대해 섭섭해하고, 뭐라고 하는 상황이 되지 않도록 하는 가장 좋은 방법은 '명확한 사전공지'를 하는 것입니다.

1) 팀장이 발령나서 새로운 팀을 맡게 된 경우
2) 신입사원이 우리 팀으로 온 경우
3) 누군가 전배(회사 내 팀 이동)되어 온 경우

이렇게 단 한 명이라도 새로운 구성원들과 시작하게 되는 경우 '○○팀의 팀 그라운드 룰(Team Ground Rules)'을 구성원들과 함께 만들고, 공지·공유한 후 업무를 시작하는 것을 권장합니다. 항상 어떤 상황과 이슈가 터진 이후에 그때 무언가 대책을 세우고 만들어 가기보다는 예방이 중요한 것입니다.

<예시>

✪ ㅇㅇ팀 그라운드 룰 ✪

- Smile! (상호존중을 표현할 수 있는 가장 좋은 방법)
- STOP! (충고, 평가, 판단 등)
- 상호 존댓말 사용하기
- 호칭은 ○○님 or 직급을 붙여서 사용
- 회의 퍼실리테이터 역할은 주제에 따라 돌아가며 맡아서 하기
- 주1회 함께 점심먹기
- 점심시간 1시간 꼭 지키기 (양치시간 포함)
- Yes, And 법칙으로 커뮤니케이션 하기
- 3회 이상/1주 팀원끼리 칭찬하기
- 주 40H (5일*8H/1day) 외 상황에 따라 법적으로 12H/1 week 추가 근무할 수 있음
  단, 추가 근무 시 출근시간, 휴가일 우선권 배정 등 혜택제공 등 상황별
  적용

이것은 회사의 조직문화에 따라, 또는 팀원들의 협의하에 함께 만들어 가는 것이 중요하며, 정해졌다면 잘 보이는 곳에 게시 및 공유하여 항상 함께 지킬 수 있는 문화를 만드는 것이 좋습니다. 이런 그라운드 룰도 기왕이면 보기 좋게, 읽기 좋게, 읽고 싶게, 눈에 확 들어오는 가독성이 높게 작성해서 회의실에 붙이든, 각자 업무책상 앞에 보이게 하든, PC 바탕화면에 깔든 항상 눈에 보고 인식할 수 있게 하는 문화가 중요합니다.

1주일에 40시간은 당연한 근무시간이지만 그 외의 회사상황과 지금처

럼 경쟁사와의 급한 이슈들이 터졌을 경우 등 추가적으로 주에 12시간 추가근무를 할 수 있음을 알고 있어야 합니다. 사례에서처럼 그것이 금요일 오후 퇴근시간이 거의 임박해서 벌어지는 일이라면 팀원들과 현재 회사 상황을 이야기하고, 함께 현실적인 대안을 찾아야 합니다. 그리고 기한이 어차피 정해져 있다면 업무를 어떻게 나눌 것인지 등에 대해서 방법을 찾는 것이 좋습니다.

이런 상황 안에서 감안되어야 하는 것은

1) 현재 업무의 분량이 어느 정도 나뉘어져 있고, 어디까지 진행되어 있어 누가 어떻게 맡을 수 있는지에 대한 부분을 생각할 수 있어야 합니다.

2) 만약 정해져 있는 어떤 한 명이 맡을 수밖에 없는 상황이라면 누가 서포트를 해줘야 그 일을 시간 내에 할 수 있는지에 대해 업무 담당자가 될 사람에게 물어 리더가 협업할 수 있도록 지원해줍니다.

3) 상호보완적인 팀 문화 만들기

   업무 담당자는 서포트를 해주는 직원에게: 고맙다는 표현 잊지 않기
   서포트를 해주는 직원은 업무 담당자에게: 이번에는 이렇게 돕지만 다음에 내 업무로 인해 이런 상황이 되면 그때 도움달라고 이야기하기

4) 회사의 임금체계 알아보기

   추가 근무에 대해서는 현재 회사의 임금체계가 포괄임금제('포괄임금제'라고 부르지만 실제 '고정연장 사전합의제'인)인지 아닌지를 확인해보고, 추가근무수당에 대하여 알려주어야 합니다.

우아한형제들

**송파구에서
일 잘하는 방법 11가지**

1 9시 1분은 9시가 아니다.
2 업무는 수직적, 인간적인 관계는 수평적.
3 간단한 보고는 상급자가 하급자 자리로 가서 이야기 나눈다.
4 잡담을 많이 나누는 것이 경쟁력이다.
5 개발자가 개발만 잘하고, 디자이너가 디자인만 잘하면 회사는 망한다.
6 휴가 가거나 퇴근시 눈치 주는 농담을 하지 않는다.
7 팩트에 기반한 보고만 한다.
8 일을 시작할 때는 목적, 기간, 예상산출물, 예상결과, 공유대상자를 생각한다.
9 나는 일의 마지막이 아닌 중간에 있다.
10 책임은 실행한 사람이 아닌 결정한 사람이 진다.
11 솔루션 없는 불만만 갖게 되는 때가 회사를 떠날 때다.

우아한형제들

**송파구에서
일을 더 잘하는
11가지 방법** 몽촌토성역 편

1 **9시 1분은 9시가 아니다.** 12시 1분은 12시가 아니다.
2 **실행은 수직적!** 문화는 수평적~
3 잡담을 많이 나누는 것이 경쟁력이다.
4 쓰레기는 먼저 본 사람이 줍는다.
5 휴가나 퇴근시 눈치 주는 농담은 하지 않는다.
6 보고는 팩트에 기반한다.
7 일의 목적, 기간, 결과, 공유자를 고민하며 일한다.
8 책임은 실행한 사람이 아닌 결정한 사람이 진다.
9 가족에게 부끄러운 일은 하지 않는다.
10 모든 일의 궁극적인 목적은 '고객창출'과 '고객만족'이다.
11 이끌거나, 따르거나, 떠나거나!

㈜우아한 형제들 그라운드 룰

9시 1분은
9시가 아니다

12시 1분은
12시가 아니다

㈜우아한 형제들 사무실 유리에 써있는 문구

SHORTTER(더퀘스트, 2020.08.08.)(쇼터)라는 책을 보면 Work Better, Smarter, And Less!라는 문구가 나옵니다. '꼭 계약에 따라 정해진 시간을 채워야만 의미있는 일터일까?'에 대한 고민입니다. 팬데믹 이후 재택근무도 늘고, 업무형태가 바뀐 회사도 많은 이 상황에서 임팩트하게 일하면서 더 나은 성과를 낼 수 있다면 일하는 장소도, 업무 시간도, 조금씩 우리 회사 (팀)만의 색깔로 만들어 효율을 높이는 것도 대안일 것입니다.

배달의 민족(배민)이란 회사는 조직문화를 형성해 나가는데 구체적이고 명확한 방향성을 제시합니다. 필자는 배민에 근무하고 있는 아는 후배의 도움으로 송파구 본사 건물 전 층을 한층한층 자세하게 들여다 볼 기회가 있었습니다. 정말 모든 것이 배민다움으로 가득 차 있었지만 무엇보다 직원들 중심에서 명확한 가이드를 잡고 일하고 싶은 환경을 조성해나가는 데 심혈을 기울이고 있다는 것을 매 순간 느낄 수 있었습니다. 1번에 보면 지각에 대한 기준을 센스있게 표현해 놓아, 무조건 '지각하지 말아라!'의 의미가 아니라 '9시 1분과 9시는 다르다'고 표현하여 본인이 알아서 자율적으로 인식하고 근태관리를 할 수 있게 했습니다. 그러다 팀별 업무 형식도 다르고, 탄력적으로 운영되는 곳도 많아 이러한 상황을 고려하여 2018년 7월에 문구가 수정되어 '12시 1분은 12시가 아니다'라는 표현으로 바뀌고 다른 항목들도 간결하게 수정됩니다. 이런 방식의 그라운드 룰도 센스있고 좋게 보여지며 조직의 상황과 시대가 변화되고 있는 것을 인식하고 그에 맞는 그라운드 룰을 만들어 가는 것은 팀을 이끌어가는 데 힘이 될 것입니다. 또한 재택근무가 늘어가고 있는 현 시대를 이끄는 팀장들에게 필요한 노하우입니다.

솔직히 칼퇴를 하겠다는 직원은 자신의 퇴근 후의 또 다른 인생을 즐기기 위해 회사에 있는 동안 몰입해서 업무한 후, 시간 내에 내가 할 일을 다 해놓고 퇴근하겠다는 개념인 직원들도 많습니다. 숨차게 쉬지도 못하고 자신의 일을 다 해놓고 났더니 팀장이 다른 직원 업무가 많이 남아서 조금만 나눠서 도와줄 수 없겠냐고 말하는 것은 엄청 당황스럽고 억울하게 느껴질 수도 있을 것입니다. 팀장이 도와주라고 한 그 직원은 정말 일이 많은 것이 아니라, 업무 속도도 느리고 항상 집중하기보다는 산만하게 업무를 처리하는 스타일이라 제 시간 안에 마치지 못하는 상황들을 만들고 있다고 생각하는데, 그 업무가 자신에게까지 떨어지다니... 이건 말도 안 되는 일이라고 여겨질 것입니다. 팀장이 바라봐야 할 관점은 칼퇴하겠다는 직원이 이런 경우의 직원일 수도 있다는 것을 이해해야 한다는 것입니다. 자신의 일을 몰입해서 시간 내에 다 마치고 저녁이 있는 삶을 살고 싶어하는 직원이라면 사실 팀장 입장에서 할 말이 없습니다. 평소에도 알아서 너무 잘해주고 있기 때문이죠. 이런 직원의 경우 회사의 상황에 따른 정당한 추가 근무를 해야 하는 상황이라면 스스로 상황인식을 하고 추가 근무를 할 것입니다. 단 정확한 상황에 대한 설명, 명확한 업무 가이드라인 등이 동의된다면 말입니다. MZ세대, 알파세대까지 이어지는 우리의 구성원들에게 명확성과 공정성이란 단어는 앞으로 더욱 중요하고 빈번하게 언급될 단어이기 때문입니다.

각 팀과 회사의 상황에 따라 추가근무가 진행될 수도 있고, 내 시간을 조금 더 써야 하는 상황이 갑자기 생길 수도 있습니다. 위 사례를 통한 핵심 포인트는 현 시대에 회사의 방침에 즐겁게 따르고, 참여하고, 함께 춤 출 수 있도록 만들어줘야 한다는 것이며, 그것이 구성원들과 다른 리더(팀장)에게 필요한 조직적 관점입니다.

포괄임금제란?

포괄임금제라는 것은 근로시간을 계산하기 어려운 곳에서 미리 연장 · 야간 · 휴일근로 등 시간외근로수당을 월급에 포함하는 임금지급방식을 의미합니다. 포괄임금제는 근로기준법 내에 나와 있지 않은 임금지급형태이지만 많은 회사들 사이에서 관행처럼 많이 사용되고 있습니다.

포괄임금제에 대하여 좀 더 자세히 설명을 하자면 출퇴근 시간이 매번 다르거나 교대 또는 격일 근무 등 근로시간이 불규칙한 경우 근로시간을 일일이 체크하기 어려운 경우 시간외근로 시간을 미리 계산하여 그에 대한 수당을 미리 월급에 포함하는 것을 말합니다. 포괄임금제라는 것이 무조건 사용자, 즉 회사에 유리한 임금제인 것은 아닙니다. 회사 입장에서는 매번 있는 시간외근로를 계산하지 않아도 되고, 근로자 입장에서는 혹시라도 놓칠 수 있는 시간외근로를 다 포함하고 있고, 또 실제 그만큼의 시간외근로를 하지 않는다 하더라도 무조건 그 금액을 받는다는 것이 보장되어 있으니 말입니다.

포괄임금제는 법에 명시되어 있지 않은 규정이기 때문에 이를 사용할 때에는 엄격한 요건하에 사용 가능합니다. 판례에서는 ① 근로시간의 정확한 계산이 어려워야 하고, ② 노사 간의 합의가 있어야 하며, ③ 근로자에게 불이익이 없고, 기타 제반 사정을 고려하여 합당하여야만 포괄임금제가 유효하다고 판단하고 있습니다(대법원 2016도 1060, 80다3120). 또한 임금에 포괄할 수 있는 것은 연장·야간·휴일근로수당이며 연차유급휴가수당은 포함할 수 없습니다.

위의 세 가지 조건을 모두 갖추었다고 하여 포괄임금제가 법적으로 문제가 없는 것은 아닙니다. 실제 일한 시간과 포괄임금제에 포함된 시간을 비교하였을 때 포괄임금제의 수당이 모자란다면 회사는 이 부분을 더 지급해야 하고 그렇지 못하면 이는 임금체불에 해당합니다.

정부에서 포괄임금제는 실제 시간근로수당을 하고도 그에 대한 대가를 받지 못하도록 막고 있어 폐지를 하려는 움직임이 있었지만 실제 이는 실현되지 못하고 있습니다.

여기서 한 가지 더 알아두어야 할 것은 우리가 흔히 회사에서 포괄임금제라 부르며 사용하고 있는 임금형태는 '고정연장 사전합의제'라는 것입니다. 현재 카카오·삼성SDS·SK C&C 등 대기업 계열사, 넥슨·넷마블·엔씨소프트 등 게임회사 등 국내 굴지의 기업들에서는 포괄임금제 폐지를 선행하고 있다고 했을 때 포괄임금제는 모두 '고정연장 사전합의제'입니다. 그렇다면, '고정연장 사전합의제'는 무엇을 말하는 것일까요?

앞에서 말한 것과 같이 엄격한 요건하에서만 실행될 수 있는 포괄임금제와 회사가 직원과 사전에 연장근로에 대하여 사전 합의만 한다면 사무직 등 일반적 직종에서 포괄임금제보다 쉽게 사용할 수 있는 임금체계입니다.

회사는 직원이 근로계약서에 명시된 근로시간을 넘어 일을 하는 경우 회사는 그 때마다 근로자와 연장근로에 대한 합의를 해야 합니다. 하지만 매번 연장근로를 할 때마다 합의를 하지 않고 사전에 미리 합의를 해도 된다는 것이 법원의 입장입니다. (대법원 1995.2.10. 선고 94다19228, 대법원 1993.12.21. 선고 93누5796 판결) 따라서 회사는 매달 일정한 연장근로를 하는 직원의 경우 연장근로수당의 산정의 번거로움을 피하기 위하여 연장근로시간에 대하여 직원에게 사전에 동의를 받고, 그에 대한 연장근로수당을 지급합니다. 근로계약서 내에 기본급과 고정연장근로(시간과 수당)이 정확히 명시하는 방법으로 진행하면 됩니다. 다만, 이 때 합의하는 연장근로에 대한 시간은 직원들이 납득할 수 있는, 불이익을 받지 않는 수준에서 이루어져야 할 것입니다.

예를 들어, 1달 고정연장근로시간을 10시간으로 잡았다면 직원은 회사에서 10시간까지의 연장근로에 대해서는 따로 회사에 수당을 청구할 필요가 없습니다. 이미 임금에 포함되어 있기 때문입니다. 다만, 일이 너무 바빠 15시간의 연장근로를 했다면 임금에 포함되지 않은 5시간의 연장근로에 대해서는 회사가 추가로 연장근로수당을 계산해주어야 합니다.

※ 고정연장 사전합의제를 한다 하더라도 1주 12시간 연장근로가 가능하다는 법정 연장근로 시간을 어길 수는 없습니다.

※ 연장근로수당뿐만 아니라 휴일근로나 야간근로를 포함하여 직원과 사전합의를 할 수 있다는 점 알아두시기 바랍니다.

CHAPTER 10

오늘 힘들었으니, 회식 어때?
오늘 힘들었으니, 빨리 보내주세요.

진 과장은 넉넉하지 않은 집안 살림에도 불구하고 열심히 공부하고 노력한 덕에 대학 진학과 더불어 졸업 후 많은 사람들이 선호하는 공기업/대기업은 아니지만 안정적인 중견기업 취업에 성공한다. 취업 후 바쁘게 살지만 경제적으로 비교적 안정적인 삶을 살게 되면서 마음 맞는 동료들과 분위기 좋은 카페와 맛집을 찾아다니는 것이 삶의 낙이다. 오늘도 열심히 일하기 위해 탕비실에서 커피 한 잔을 내리고 있는 진 과장. 바로 옆에 먼저 와 있는 이 부장, 최 팀장의 이야기를 듣게 된다.

이 부장: 최 팀장. 요즘 직원들이 맥아리가 없는 게 뭘 좀 먹여야 하는 거 아닌가?

최 팀장: 그런가요? 환절기라 그런지 기운들이 없어 보이긴 하던데 오늘 저녁 조촐한 회식 준비해 보겠습니다. 부장님.

이 부장: 그래. 좀 잘하는 데로 신경 써서 잡아봐! 다들 재택하느라 오늘 몇 명 있지도 않은데 같이 식사나 하고 가자구.

최 팀장: 네. 부장님. 직원들이 회식한다고 좋아하겠어요

최근 영업부서로 발령받은 진 과장은 업무도 많았지만 가끔 마치고 2~3명이서 식사 겸 술한잔 하는 저녁자리에 수시로 참석하고 귀가가 늦어지는 바람에 퇴근 후 혼자 즐기던 맛집 기행을 포기할 수밖에 없었다.

홍 과장: 진 과장! 요즘 너무 바쁘니? 우리 맛집 기행 모임에 네가 빠지니까 재미가 없어.

진 과장: 홍과장아~ 나 좀 살려줘. 영업부 오니까 무슨 회식을 이렇게 자주하니? 술도 잘 못 마시는데 너무 늦게 끝나고 정말 힘들고 피곤하다.

홍 과장: 그래? 요즘도 그렇게 회식 자주 하는 부서가 있나? 이 부장님 술 엄청 좋아한다고 얘기는 들었는데 좀 심한가 보네.

진 과장: 선배들도 대부분 힘들어하지만 다음 승진인사에서 이부장님이 본부장 1순위라 혹시라도 찍힐까봐 싫은 내색도 못해.

진 과장은 각종 모임 등으로 지인들과 저녁약속이 많은 편인데 갑자기 통보나 명령처럼 내려오는 번개성 회식으로 좀처럼 참석하지 못하고 있다. 이 상황이 맘에 들지 않지만 부서분위기는 다들 일상처럼 받아들이는 것 같아 혼자 답답함을 느끼고, 다른 부서로 이동발령 받기 위해서는 앞으로 2년 정도는 더 있어야 하는데 앞으로의 시간들이 까마득하다.

1 갑작스런 회식 참석 강요도 '갑질'에 해당

회식은 팀원들과의 관계를 돈독하게 하기도 하고, 피곤한 하루 일과를 마치고 밥 한끼 먹으며 맥주 한잔과 함께 업무나 사람얘기를 안주 삼아 함께 하면 웃기도 울기도 할 수 있는 좋은 장이 되기도 합니다. 허나 간혹 한국에서의 회식은 참석하기 싫은데 참석을 강요하기도 하고, "바쁜 사람은 가도 됩니다."라고 해놓고 빠지면 다음날 눈치가 보이거나 자신만 모르는 대화들을 하는 상황이 생기는 등 불편한 상황이 벌어질 때도 있습니다. 어떤 상사는 자기 권력을 과시하거나 혼자 있는 외로움을 피하기 위해서 하는 등 일종의 결핍을 보상받기 위해서 구성원들과 한 잔 하자고 하는 경우들도 종종 있습니다. 이와 같은 회식은 다른 나라와는 사뭇 다르며 회식참여자의 자기만족도가 매우 떨어지는 경향이 있습니다. 2019년 2월에 국무조정실에 발표한 **"공공분야 갑질 근절을 위한 가이드라인"**•에 따르면 위 사례와 같은 갑작스런 술자리 회식통보 및 참석강요는 '**직장 내 갑질**'이 될 수 있다고 판단하고 있습니다. 최근 많은 기업들은 이와 같은 불상사를 예방하기 위해서 제도적 장치를 마련하여 운영하고 있습니다.

혹시 위 사례가 발생한 기업의 경우 관련 사내규정이 없더라도 상황에 따라 2019년 7월에 시행된 '**직장 내 괴롭힘 금지법**'에 해당될 경우 법적·행정적 처분을 면하기 쉽지 않은 상황이 될 수 있습니다. 문제가 표면화되기 전에 조직문화 차원에서 가이드라인 공유가 필요해 보입니다.

• 국무조정실 보도자료 참조 (2019.2.18.)

2 회식예고제, 감사회식, 재능나눔회식 등 회식에도 다양성을

회식은 조직분위기 및 팀워크 향상 등 회식을 통해 얻을 수 있는 순기능이 분명 있음을 생각할 때 팀원들의 의견을 수렴하여 회식방식을 변경할 필요도 있습니다. 월 1회, 분기 1회 등 적정한 횟수와 모임날짜를 미리 정해 놓는 '회식예고제'가 불만을 줄일 수 있을 것입니다. 또한 서로가 부담스러운 술자리보다는 본 사례의 진 과장처럼 직원들이 좋아하는 맛집을 찾아가거나, 문화체육행사에 참여해보는 등 다양한 방식을 시도해 보는 것도 추천합니다.

최근에는 112(1종류의 술, 1차까지, 2시간 이내로 끝내기), 119(1종류의 술, 1차까지, 9시까지 끝내기) 처럼 회식 시간이나 술 종류를 미리 정하자는 절주 캠페인도 있습니다. 또 식사를 하면서 미리 작성한 감사카드를 전달하고 감사왕을 뽑는 '감사회식', 휴식시간에 다과를 먹으며 재능나눔으로 진행되는 바리스타 강의, 사진 강의를 듣는 '재능나눔 회식'. 이런 회식이 정말 가능할까 싶지만 잘 실천하고 있는 조직들이 많이 있습니다. '성남시 중독관리 통합지원센터'에서 매년 실시하고 있는 '건전한 회식문화 만들기 사례 공모전'에서 수상한 실제 사례• 등도 참조해 볼 만합니다.

회식의 슬로건

112: 1종류의 술로, 1차까지만, 2시간 이내로 끝내기

222: 2분의 1잔(반잔)만, 2잔 이상 권하지 않고, 2시간 이내로 끝내기

911: 9시까지, 1종류의 술로, 1차까지만으로 술자리 끝내기

• 성남시 '술 없는 최고의 회식' 15개 팀 선정 (머니투데이, 2019.6.11.)

'회식도 업무다'라고 생각하는 직원들도 일부 있겠지만 "왜 일하는 시간도 업무고, 회식도 업무죠?"라고 얘기하는 지금의 시대의 직원들에게 이는 아주 먼 이야기입니다. 최근 입사하고 있는 주 연령대인 90년대생 직원들과 근무해본 경험이 있는 직장인 대상 조사*(잡코리아와 알바몬 실시)에서 90년대생의 특징을 솔직하고 적극적인 의사표현(40.8%), 회사보다 자신 중심의 생각(30.9%), 워라밸 중시(22.6%) 등 지난 세대와는 확연한 차이를 보이고 있습니다.

'90년대생 직원' 만족도 67점

※ 90년대생 직원들과 일한 경험이 있는 직장인 4,904명 대상조사, 자료: 잡코리아X알바몬

Q. 90년대생 직원들의 특징(*복수응답)

- 1위 솔직하고 적극적인 의사표현, 40.8%
- 2위 회사보다 자신 중심의 생각, 30.9%
- 3위 SNS 소통을 더 선호, 23.8%
- 4위 워라밸 중시, 22.6%
- 5위 자신을 위한 투자, 19.2%

출처: 2020년 1월 잡코리아 알바몬

- 90년대생 직원 평가점수는 '67점'… "솔직하고 적극적인 세대" (파이낸셜 뉴스, 2020.1.20.)

리서치 기관 EMBRAIN에 의하면 '어떤 회식이 좋으세요?'라는 질문에 직장인이 생각하는 적절한 회식의 유형으론 1위 68.6% 맛있는 점심, 2위 47.9% 문화공연관람, 3위 36.9% 저녁술자리, 4위 19.1% 레포츠, 5위 15.8% 게임오락중심 이벤트, 6위 9.2% 체험형(테마파크)가 있었습니다.

68.6%가 나온 1위 맛있는 점심 시간에 대해서 구체적으로 이야기 해보 겠습니다.

점심시간을 활용한 성공적인 회식이 되기 위해선 세 가지 요건이 충족 되어야 합니다.

첫째, 매일 점심이 회식같이 느껴지려면 점심메뉴 당번제!

직장인에게 점심시간은 가장 소중한 시간입니다. 맛없게 배가 부르는 것은 용납될 수 없는 일. 건강에도 좋으면서 기분도 힐링될 수 있는 맛이라면 그 점심시간은 가치있게 느껴질 것입니다. 2021년 3월 KBS Joy '무엇이든 물어보살'이라는 프로그램에 퇴사자 1명이 출연한 적이 있었습니다. 사연은 점심메뉴 고르는 것 때문에 너무 힘들어서 퇴사한 것. 직원이 5명인 이 회사는 코로나 때문에 밖에 못 나가니 대체적으로 안에서 배달 음식을 많이 시켜먹었나 봅니다. 막내인 출연자에게 매일 메뉴를 고르게 했고, 처음에는 '막내가 먹고 싶은거 골라라, 알아서 시켜라'라고 해서 알아서 주문했더니 매운 것을 못 먹는 최고참 상사가 너무 맵다며 매운 맛 음식을 바로 버렸다고 합니다. 바쁘면 묻는 말에 답도 하지 않았고, 식사 후 1/5씩 금액을 나눠 사연자에게 입금하는 절차였는데 최고참은 2~3일 씩 걸리니 입금도 늦어지고 이런 현상이 반복되니 눈물이 나고 너무 힘들 었다며, 퇴사하고 나서 밝게 웃을 수 있고 너무 속 시원하다고 말합니다. 만약 인원이 적은 회사에서 이와 같은 현상이 벌어진다면 담당자를 정해서 5명이라 인원도 딱 좋으니 요일별로 나눠서 점심메뉴 담당자를 바꾸던 지, 아니면 하루씩은 너무 번거로우니 주 단위로 1명씩 돌아가면서 맡으면 적어도 5주에 1번 담당이 되는 것이니 사연자처럼 힘들거나 부당하다는 생각이 들지 않을 것입니다. 대기업들이야 구내식당이 호텔수준으로 잘 되어있는 곳들도 많아 선택의 자유가 있고, 채식주의자/맵찔이/한식매니아 등 맞춤형으로 되어 있는 곳들이 많아 문제가 없을지 모르지만, 아닌 조직이라면 팀장이 내부 규정을 만들거나 구성원 의견을 들어 함께 정하는 것도 필요합니다. 작은 부분이라고 생각될지 모르지만 직장인에게 있어 점심시간만큼은 가장 기다려지고 애정하는 시간이며, 먹는 것이 제대로 충족되었을 때 업무효율도 올라가는 것이니 만큼 리더는 중요하게 생각해야 할 필요가 있습니다.

둘째, 월 1회 정도 회식을 대체하는 여유있는 점심식사(약 1시간 30분 정도 확보)

회식은 서로 얼굴을 맞대고 사무공간에서 하지 못했던 이야기를 할 수도 있고, 단순히 함께 매일 보는 사람들끼리 관계를 맺어가기 위한 시간을 만들 수도 있습니다. 때론 지하철 1정거장 정도, 또는 직원 중 1명의 차에 함께 타서 사회적 거리 인원수를 유지한 채 회사와 거리가 떨어진 명소를 방문한다든지 회사근처 공원에서 소풍가듯 자신이 각자 준비해온 도시락을 먹고 산책하는 등 색다른 방식으로 점심식사를 시도해 볼 수도 있습니다. 짧은 시간이지만 '회식'이라는 의미를 되새겨보면 그 시간을 어떻게 보내야 하는지 대략적인 답이 보일 것입니다.

셋째, 상황에 맞게 센스있는 메뉴 선택

예전 회식을 생각해보면 생일인 직원, 결혼을 앞둔 직원, 아이 돌잔치가 있었던 직원, 자녀가 대학에 합격한 상사 등 각자 경사스러운 일이 있으면 회식 시간에 함께 축하해주고 즐거워했던 기억이 납니다. 이처럼 점심회식도 이슈에 맞게 이런 시간들을 함께 한다면 의미있을 것입니다. 어려운 일을 해결한 팀원을 격려할 때, 축하할 일이 있는 직원 등 함께 할 상황이 필요한 테마가 있는 점심이라면 메뉴와 분위기 등도 생각해서 구성하면 좋습니다. 이런 일들이 구성원들에게 작은 행복감과 감사의 마음으로 전달될 수 있다면 팀워크를 만들어갈 수 있는 의미있는 시간이 될 것입니다.

2021년 5월 모 대기업에서는 회사근처에 있는 자연을 이용해 팬데믹 시대 직원을 위한 야외 점심시간을 진행했습니다. 푸드트럭을 이용해 음식을 마련하고 야외 테이블에 직원 2~3명이 사회적 거리를 유지하며 식사를 하는 이색적인 시간을 갖기도 했습니다. 이처럼 기업에서는 안전수칙을 지키며 회식의 형태를 새롭게 시도하는 변화가 지속적으로 나타나고 있습니다.

3 혼자 또 따로 즐기는 랜선 회식

다음의 그림처럼 '회식 스트레스가 줄었다', '불필요한 회식이 크게 줄음' 등의 답이 비중있게 나왔지만 반면 코로나 19 이후 예전과 달라진 회식의 아쉬움을 토로하는 직장인들도 있습니다.

직장인 1000명을 대상으로 '회식문화'와 관련된 질문을 한 결과 4명 중 1명 정도가 종종 회식을 그리워하는 직장인이 있고(26.8%), '언제 회식을 할 수 있나' 하는 생각이 드는 경우(26.2%)가 있다고 합니다(리서치 EMBRAIN 2020.6.26.).

아무래도 직장 회식은 부서 내 친목 도모에 도움을 주고, 사람 간의 긍정적인 관계가 형성되는 것으로 인해 업무할 때 더 나은 시너지를 발휘하

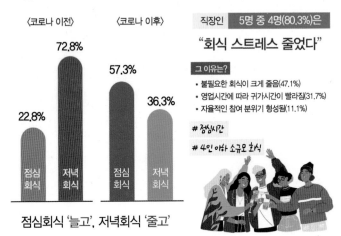

코로나로 달라진 직장인 食문화?... 점심회식 '늘었다'

조사대상: 직장인 730명   조사기간: 4월 20일~27일(8일간)

Q. 코로나 이후 직장내 회식문화 어떻게 변했습니까?

〈코로나 이전〉   〈코로나 이후〉

72.8%

57.3%

36.3%

22.8%

점심회식   저녁회식   점심회식   저녁회식

점심회식 '늘고', 저녁회식 '줄고'

직장인 **5명 중 4명(80.3%)은**

"회식 스트레스 줄었다"

그 이유는?
- 불필요한 회식이 크게 줄음(47.1%)
- 영업시간에 따라 귀가시간이 빨라짐(31.7%)
- 자율적인 참여 분위기 형성됨(11.1%)

#점심시간

#4인 이하 소규모 회식

출처: 2021.4.28. 매일일보/인쿠르트

기도 하기 때문입니다.

팬데믹 시대를 살고 있는 우리는 소수 유닛별 회식을 하고 있는 상황이지만, 재택이 늘다보니 다같이 얼굴보는 것조차 힘들어 요즘은 오히려 회식이 너무 그립다고 강의 시간에 필자에게 말하는 직원들도 꽤 많이 만나봤습니다. 아이러니하죠? 그렇게 싫어하던 회식이 그립다니. 그만큼 사람이 그립고 그런 평범한 일상이 그립다는 것으로 해석됩니다. 그래서 많은 회사에서 랜선회식을 하며 맥주 한 캔씩 책상 위에 올려두고, 각자 자기가 좋아하는 안주를 준비해서 안주 메뉴를 자랑하기도 하고, 자신이 사온 독특한 맥주의 원산지부터 종류까지 설명해주기도 합니다.

회사에서 배정해준 소정의 회식 금액으로 (대부분 쿠폰발행) 집에서 각자 술과 음식을 준비하고 컴퓨터나 휴대폰 앞에서 랜선 회식을 준비합니다.

랜선회식의 단점이 있다면 2~3명씩 끼리끼리 소단위의 대화를 나누는 것이 쉽지 않다는 것입니다. 물론 줌에서 소그룹 회의실을 활용하면 얼마든지 할 수 있지만 어떤 것을 하든 사회자가 준비를 많이 해야 회식이 단순 잡담하는 것으로 끝나지 않는다는 것입니다. '회식에 무슨 목적을 가지고 참석하냐... 그냥 편하게 먹고 얼굴보면 됐지..'라고 말할 수도 있습니다만 랜선의 경우 적게라도 운영해야 할 방식을 생각하지 않으면 쓸데없는 시간낭비를 했다고 생각이 될 수도 있어 이 부분에 대한 고민이 필요합니다.

우리는 인간관계가 갑자기 이벤트 한번 잘 한다고 쌓이는 것이 아님을 너무 잘 알고 있을 것입니다. 작은 것들이 쌓이고 반복될 때 만들어지는 팀워크, 조직문화는 그렇게 존재합니다.

3-1. 랜선회식 전 애피타이저—소소한 일상 함께하기

페이스북, 인스타로 팀별 소식을 공유하는 곳도 있지만 그것은 피로도가 높게 느끼기에 Google Currents 같은 것을 활용하여 '회식 전 당신은 지금 회식준비를 위해 무엇을 하고 계신가요?'라고 올리면 익명으로 답하고 회식 시간에 누가 올린 것인지 맞춰보는 것도 재미일 것입니다. '집 앞 마트에서 굴 사는 중, 다 귀찮아서 배달 시킬 예정, 메뉴는 냉장고 안에 있는 재료로 내가 만들 예정, 냉동식품 활용' 등을 올리면 아마도 누가 했을 것이라고 상상하고 맞춰보는 대화의 소재가 될 수 있는 좋은 방법입니다. 실제로 팀 내 이미지가 있어서 이 행동을 누가 했을 것이라고 생각했는데 전혀 예측하지도 못했던 인물이 답일 때 의외의 웃음이 터져나와 재밌게 진행될 수 있습니다.

≡ Currents

'회식 전 당신은 지금 회식준비를 위해 무엇을 하고 계신가요?'

집 앞 마트에서 귤 사는 중

다 귀찮아서 배달 시킬 예정

메뉴는 냉장고 안에 있는 재료로 내가 만들 예정

냉동식품 활용

3-2. 회식 시 사회자 Tip-온라인 도구활용 진행

1) Kahoot으로 Ice-Breaking

카훗은 퀴즈게임 형식, 미팅내용 공유 등 온라인 소통을 위한 프로그램입니다. 빨강, 파랑, 노랑, 초록의 직관적인 네 가지 색상으로 표현되어 있어 선명하게 눈에 들어옵니다. 회사 전달사항이나 변경내용, 새로 온 직원, 또는 기존 직원 중 퀴즈 만들어 맞추기 등과 함께 회식비용 중 일부를 다양한 쿠폰 및 하루 휴가 티켓, 복지권 등으로 준비해서 참여도를 높이면 재미있는 시간을 만들 수 있습니다.

kahoot 화면 예시

kahoot의 다양한 활용법

2) Slido로 말하기-불편한 제안 익명으로 하기

슬라이도 또한 온라인 소통을 위한 프로그램입니다. 랜선 회식 시 팀에 대한 어떠한 의견도 좋다는 것을 이야기하고 진행자가 슬라이도에 객관식, 주관식 등 항목을 만들어 익명으로 의견을 제시할 수 있도록 합니다. 객관식 선택도, 주관식 댓글형식도 다양하게 할 수 있어 형태를 바꾸며 커뮤니케이션 할 수 있습니다. 재미있는 의견부터 다음 회식의 형태 제안, 다른 회사 회식은 이런 게 있다던데요?, 회의방식 수정 등 이름을 드러내고 제안할 때는 부담스러울 수 있으니 익명으로 얘기할 수 있는 이러한 방식도 좋습니다. 챗봇과 AI가 익숙한 세대에게 그에 맞는 Tool은 소통에 윤활유 역할을 할 것입니다.

slido Live polling 화면 예시

3-3. 다양한 랜선회식 활용하기

요즘 다양한 SNS에서는 '흥미로운 랜선회식'이라고 하면서 올라오는 것들 중에 재미난 랜선회식의 형태들이 많은데 그 중 동료끼리 서로 각자의 센스를 믿고 한 직원이 다른 직원에게 배달될 음식메뉴를 선택해서 보내주는 방법도 있습니다. 어떤 음식이 올지 몰라서 긴장되기도 하고, 다른 직원이 음식을 보낼 때 타인이 어떤 음식을 못 먹는지 음식선호도도 알 수 있고, 묘한 긴장감이 재미를 유발하기도 해서 반응이 꽤 괜찮으며, 배달이 오면 무엇이 오든지 맛있게 먹는 모습을 보여주어 음식을 선택해 준 직원에게 감사함을 표현하며 재미를 느낄 수도 있습니다. 세상이 바뀌면 또 거기에 적응하게 된다고 온라인상에서 할 수 있는 다양한 방법들로 조직문화를 만들어가고 있습니다.

· 회식의 종류 ·

회식 활동의 종류	내용	추천 상황
운동형	트램폴린, VR방, 클라이밍, 둘레길 산책, 볼링경기 등	내근 위주의 조직
문화생활형	인테리어, 커피 등 박람회 탐방 뮤지컬, 연극, 전시회, 영화	창의적 활동을 위한 조직
외식형	맛집 탐방	
취미생활형	게임 즐기기, 베이킹 팝아트 자화상 그리기 등	
봉사활동형	해비타트, 연탄나르기, 독거노인 방문, 청소년돕기, 미혼모돕기	
재능공유형 (멘토링형)	부동산/경매 스터디, 재테크 스터디, DIY(가죽, 비누 등), 우쿨렐레, 반려견 돌봄 정보 공유 스터디	재능을 가진 팀원이 Host가 되어 운영
감사회식	서로에게 감사한 마음을 담은 카드 공유하기, 마니또, 점심 만들어 먹기	
랜선회식	위 상세내용 참조	

* 해비타트운동(habitat運動): 사회봉사활동의 하나로써 자원봉사자들이 직접 집을 지어 무주택 서민에게 제공하는 운동

조직에서 회식은 더 이상 음식을 먹으며 대화하는 단순 회식이 아닌 구성원들이 모여서 하는 문화활동 등 다양한 형태로 그 의미가 확장되고 있습니다. 내가 갖고 있는 것을 나눌 수 있는 공유, 무언가를 배울 수 있는, 내 손으로 직접 할 수 있는 등 다양한 의미를 우리 회사 구성원들과 함께하며 신뢰를 쌓아나갈 수 있다는 것이 중요한 메시지입니다.

CHAPTER 11

못 생기면 우리 편 아님!
그럼 너네 팀 안 할래.

C社는 남직원의 비율이 압도적으로 많다. 최근 팀장이 된 홍 팀장은 여직원과 일을 해본 적이 거의 없다. 홍 팀장의 팀에 최근 공석이 생겼고 그 공석에 여직원이 발령돼왔다. 계속 남직원들과 일을 해왔던 탓에 여직원을 어떻게 대해야 하는지 잘 모르겠지만 이전 팀장들이 여직원들을 대했던 것처럼 친근하게 대하면 될 것 같았다.

[상황 1]

홍 팀장: 우리 팀에 여자가 온 건 처음인데... 박 대리는 동료 중에서 얼굴이 상위 10% 안에 드나? 우리는 못생긴 사람은 팀원으로 안 받는데... 허허허

박 대리: (당황하며) 네? 아... 그건 저도 잘....

홍 팀장: 동기들끼리 그런 순위 정하는거 하고 그러지 않나? 세대 차이 느끼네~

박 대리: (어색하게) 아하하...

신 차장: 박 대리 정도면 평 타수 이상이죠. 우리 팀의 급이 있는데~

유 과장: 앞으로 우리 팀 급 안 떨어트리게 신경 좀 써주세요!

박 대리: 하아……. -.-

[상황 2]

홍 팀장: 자, 회의합시다. 그런데 박 대리 오늘은 왜 바지 입고 왔어? 나는 저번에 박 대리가 그 딱 붙는 스커트 입고 왔을 때가 좋던데. 여성미가 뿜뿜이었다구.

신 차장: 아, 그 펜슬스커트 말씀하시는 거죠? 팀장님 저랑 완전 스타일 같으셔.

유 과장: 저는 너무 그렇게 섹시섹시는 싫은데. 그래도 박 대리가 우리 회사에서 다리로는 좀 상위권이에요. 그렇죠? 박 대리 다리보험 들어놔.

박 대리: 지금 회의하러 모이신 것 아닌가요? 빨리 회의 시작하는 게 좋을 것 같아요.

홍 팀장: 회의? 회의해야지. 근데 회의 전에 근황 토크도 좀 해줘야지. 박 대리는 우리 팀에 처음 왔고, 또 여자는 처음이라서 적응 잘하게 해주려고 관심 써주는 거야.

신 차장: 맞아. 팀장님께서 이쁘다고 칭찬하시는데 왜 그래. 회의는 하면 되는 거지.

유 과장: 박 대리 그런 식으로 발끈하면 이 험난한 사회생활 못해.

홍 팀장: 맞아. 이런 말 새겨들어 박 대리. 너무 뻣뻣하게 굴면 안 돼. 옷도 좀 여성스럽게 입고 그래야지. 외모도 경쟁력인 거 몰라? 그래서 박 대리한테 어울리는 스타일을 이야기 해준 거잖아. 다 박 대리가 친척 동생 같고 그래서 해주는 말이라구.

얼마 후 홍 팀장은 인사팀에서 성희롱 가해자로 지목되어 그에 대한 조사와 징계위원회에 참가해야 한다는 이야기를 들었다. 홍 팀장은 도대체 누가 자신을 성희롱 가해자로 신고를 한 것인지 궁금했다. 스스로가 성희롱 문제에 대해서는 잘 지키고 있다고 생각했기 때문이다. 왜냐하면 매년 성희롱 예방 교육을 받고 있고 또 많은 남직원들에게 좋은 평가와 두터운 신임을 받고 있기에 누구보다 직원들과의 관계에서는 자신있었기 때문이다.

이후 홍 팀장은 박 대리가 본인을 성희롱 가해자로 회사에 신고했다는 사실을 알게 되었다. 홍 팀장은 본인이 성희롱한 적이 없고, 또 성희롱을 의도한 적도 없는데 자신이 왜 징계를 받아야 하는지 모르겠다. 하지만 회사에서는 홍 팀장에게 3개월 감봉처분이 내려졌고, 앞으로 승진도 물 건너갔다. 다시 팀으로 돌아가면 홍 팀장은 박 대리와 팀원들을 어떻게 대해야 할지 난감하다.

(가해자가 된 상급자들이 통상적으로 하는 말)

'내가 그렇게 매너 없는 행동을 하는 사람은 아니지.'

'나 때는 말이야. 그보다 더 한 말도 많이 했어. 그런데 요즘 애들은 그런 걸 못 참네.'

'친동생 같고, 친척 같고. 팀 분위기 띄울려고 농담 좀 한 것 가지고 그때는 같이 웃고 재미있어 해놓고는 나중에 이렇게 뒤통수를 치니 이젠 직원 무서워서 무슨 말도 못 하겠네. 차라리 동성들하고만 일하는 게 낫겠어 참나~'

1999년 직장 내 성희롱 예방 교육은 법적으로 의무화되었습니다. 이는 직장 내에 성희롱이 만연한 만큼 예방이 중요하다는 것을 방증하는 것입니다. 많은 회사에서는 매년 빼놓지 않고 직장 내 성희롱 예방 교육을 진행하고 있지만, 직장 내 성희롱은 여전히 줄어들지 않고 있습니다.

그럼에도 회사는 계속하여 직장 내 성희롱의 근절을 위해 노력해야 하며, 직장 내 성희롱 예방 교육 시 다음과 같은 내용이 반드시 포함되어야 합니다. (남녀고용평등과 일·가정 양립 지원에 관한 법률 시행령 제3조 제2항)

1. 직장 내 성희롱에 관한 법령
2. 해당 사업장의 직장 내 성희롱 발생 시의 처리 절차와 조치 기준
3. 해당 사업장의 직장 내 성희롱 피해 근로자의 고충상담 및 구제 절차
4. 그 밖에 직장 내 성희롱 예방에 필요한 사항

직장 내 성희롱을 판단하기 위한 기준의 예시

(남녀고용평등과 일·가정 양립 지원에 관한 법률 시행규칙 별표 1)

1. 성적인 언동의 예시

가. 육체적 행위
  (1) 입맞춤, 포옹 또는 뒤에서 껴안는 등의 신체적 접촉행위
  (2) 가슴·엉덩이 등 특정 신체부위를 만지는 행위
  (3) 안마나 애무를 강요하는 행위

나. 언어적 행위
  (1) 음란한 농담을 하거나 음탕하고 상스러운 이야기를 하는 행위(전화통화를 포함한다)
  (2) 외모에 대한 성적인 비유나 평가를 하는 행위
  (3) 성적인 사실 관계를 묻거나 성적인 내용의 정보를 의도적으로 퍼뜨리는 행위
  (4) 성적인 관계를 강요하거나 회유하는 행위
  (5) 회식자리 등에서 무리하게 옆에 앉혀 술을 따르도록 강요하는 행위

다. 시각적 행위•
  (1) 음란한 사진·그림·낙서·출판물 등을 게시하거나 보여주는 행위
  (2) 성과 관련된 자신의 특정 신체부위를 고의적으로 노출하거나 만지는 행위

라. 그 밖에 사회통념상 성적 굴욕감 또는 혐오감을 느끼게 하는 것으로 인정되는 언어나 행동

2. 고용에서 불이익을 주는 것의 예시
  채용탈락, 감봉, 승진탈락, 전직(轉職), 정직(停職), 휴직, 해고 등과 같이 채용 또는 근로 조건을 일방적으로 불리하게 하는 것

비고: 성희롱 여부를 판단하는 때에는 피해자의 주관적 사정을 고려하되, 사회통념상 합리적인 사람이 피해자의 입장이라면 문제가 되는 행동에 대하여 어떻게 판단하고 대응하였을 것인가를 함께 고려하여야 하며, 결과적으로 위협적·적대적인 고용환경을 형성하여 업무능률을 떨어뜨리게 되는지를 검토하여야 한다.

• 별표1의 내용에 더하여 시각적 행위의 사례에는 컴퓨터 바탕화면, 카카오톡(개인, 단체, 프로필사진)도 포함될 수 있습니다.

11. 못 생기면 우리 편 아님! VS 그럼 너네 팀 안 할래.   **117**

직장 내 성희롱, 어떤 것을 직장 내 성희롱이라 판단할까요? 이는 남녀 고용평등과 일·가정 양립 지원에 관한 법률 시행규칙 별표 1에 명시되어 있고, 그건 앞 내용과 같습니다.

사례에서는 팀장이 가해자로 지목된 경우이지만 사내에 보면 다양한 형태의 가해들이 존재하고, 그것들이 블라인드에 기록되고, 수많은 카더라통신을 낳고, 조직신뢰에 큰 상처를 남기는 경우가 많습니다. 국가인권위원회에 보고되는 자료들을 보면 남성이 여성을, 여성이 남성을, 남성이 남성을, 여성이 여성을 가해하는 등 많은 상황들이 존재하는 만큼 적어도 팀을 이끄는 팀장은 이 부분에 대한 기준을 명확히 알아야 올바른 조직문화를 만들어 갈 수 있으며, 팀장인 본인도 다른 직원들이 잘못 표현하고 있을 때도 인지시키고 함께 변화시킬 수 있습니다. 직장 내 성희롱 예방 교육을 수강해본 직원들은 어떤 것이 성희롱에 해당하는지 여러 사례를 들어본 적이 있을 것입니다. 그래서 구체적으로 어떤 언행을 하면 안 되는지에 대해서도 잘 알고 있을 것입니다. 그럼에도 불구하고 왜 홍 팀장은 박 대리에게 성희롱에 해당하는 발언을 했을까요?

매년 의무적으로 수강해야 하는 직장 내 성희롱 예방 교육. 그래서인지 많은 직원들은 매년 다른 강사가 와서 강의하지만 같은 내용을 강의한다고 생각하며, 교육하는 공간에 자리만 차지하고 앉아 출석 체크하고, 시간만 보내고 가는 경우가 대다수입니다. 직장 내 성희롱을 근절하자는 성희롱 예방 교육의 목적은 사라지고 잡념만 가득한 교육 시간이 되기 쉽습니다.

2022년 현재, 회사 내에서 사적 친목이 업무 진행에 좋은 영향을 주는 최선의 선택일까요? 직장 동료와의 좋은 관계 유지를 위한 칭찬은 반드시 신체 일부분에 대한 것이어야 할까요? 사실에 근거한 것 또는 업무에 대한 것일 수는 없는 걸까요?

홍 팀장은 회사에서 성희롱 여부 조사 시 분명 박 대리에게 성희롱의 의도가 없었다고 주장했겠지만 성희롱은 가해자의 의도는 전혀 중요한 게 아니라 피해 당사자가 가해자의 언동으로 성적굴욕감 혹은 혐오감을 느꼈다면 그것은 성희롱에 해당•됩니다. 아마 홍 팀장의 의도는 리더로서 팀 내 분위기도 띄우고 친근감 형성을 해나가면 업무에도 도움이 될 것이라고 생각하며 한 언행이겠지만 '커뮤니케이션은 화자(話者)의 권리가 아니라 청자(聽者)의 권리다.'라는 말이 있듯 받아들이는 사람이 불쾌감과 수치심을 느껴 불편하고 업무에 지장이 올 수 있다는 것에 대한 고민은 해보지 않았을 것입니다. 현재 나의 언행에 대한 체크와 시시비비에 대한 인지, 젠더감성을 키우는 팀 내 문화정착, 반복적인 작은 실천이 이뤄진다면 서로에 대한 신뢰계좌의 잔고가 가득 쌓여 일하기 좋은 팀으로 성장할 것입니다.

• 합리적 피해자의 관점 필요: "우리 사회 전체의 일반적이고 평균적인 사람이 아니라 피해자와 같은 처지에 있는 평균적인 사람의 입장에서 성적 굴욕감이나 혐오감을 느낄 수 있는 정도였는지를 기준으로 심리, 판단하여야 한다."고 하였다 (대법원 2018.4.12.선고 2017두74702판결)

직장 내 성희롱 예방

자가진단
체크리스트

고용노동부

※ *직장 내 성희롱에 대하여 얼마나 잘 알고 있으신가요? 고용노동부*
  에서 제공하는 '직장 내 성희롱 자가진단 앱'으로 직장 내 성희롱
  위험 정도를 스스로 판단해보시기 바랍니다!

젠더감성의 언어사용은 곧 조직문화입니다. 팀장이 먼저 인지하고 다
같이 사용하도록 독려하는 존중의 문화를 만들어가주세요. 그러기 위해서
는 법정교육 중 포함되어 있는 성희롱예방교육 시간 수업을 잘 듣는 것도
중요하고, 평소 이런 기사 및 조직문화팀에서 내려주는 가이드를 잘 습득
하고 실천해나가시면 더욱 도움이 될 것입니다.

출처: 2020. 9. 24. 서울앤

• 2018 서울시 성평등 언어사전 시즌 1 •

성차별 언어	성평등 언어
여○○ - 직업 등 앞에 '여'를 붙이는 것 - (예) 여의사, 여배우, 여직원, 여대생, 여교수, 여기자, 여류작가, 여비서, 여군, 여경 등	○○ ⇨ 직업 등 앞에 붙이는 '여'를 빼기 ⇨ (예) 의사, 배우, 직원, 대학생, 교수, 기자, 작가, 비서, 군인, 경찰 등
여자고등학교 - (뜻) 여자에게 고등학교의 교과과정을 실시하는 학교	고등학교 ⇨ 여자고등학교를 남자고등학교처럼 '여자'를 빼고 고등학교로 명칭하기
처녀○○ - 일이나 행동 등을 처음으로 한다는 의미로 앞에 '처녀'를 붙이는 것 - (예) 처녀작, 처녀출판, 처녀출전, 처녀비행, 처녀등반, 처녀항해 등	첫 ○○ ⇨ 행동 등에 붙이는 '처녀'를 '첫'으로 사용 ⇨ (예) 첫 작품, 첫 출판, 첫 출전, 첫 비행, 첫 등반, 첫 항해 등
유모차(乳母車) - (뜻) 어린아이를 태워서 밀고 다니는 수레	유아차(乳兒車) ⇨ 유아를 중심으로 표현하는 '유아차'로 사용

11. 못 생기면 우리 편 아님! VS 그럼 너네 팀 안 할래.

그녀(女) - (뜻) 주로 글에서, 앞에서 이미 이야기한 여자를 가리키는 삼인칭 대명사. 그(우리말)+녀(한자어) 결합	그 ⇨ 여성을 대명사로 지칭할 때 '그' 사용 ⇨ 상황과 문맥에 따라 '그 여자' 등 사용
저출산(低出産) - (뜻) (여성이)아기를 적게 낳는 것	저출생(低出生) ⇨ '저출산 문제' 등을 표현할 때 아기가 적게 태어난다는 의미의 '저출생' 사용
미혼(未婚) - (뜻) 아직 결혼하지 않음. 또는 그런 사람	비혼(非婚) ⇨ 결혼을 하지 않은 상태라는 의미가 명확하게 나타나도록 '비혼' 사용
자궁(子宮) - (뜻) 여성의 정관의 일부가 발달하여 된 것으로 태아가 착상하여 자라는 기관	포궁(胞宮) ⇨ 특정 성별이 아니라 세포를 품은 집이라는 뜻의 '포궁' 사용
몰래카메라 - (뜻) 촬영을 당하는 사람이 촬영을 당한다는 사실을 모르는 상태로 촬영하는 카메라. 또는 그런 방식.	불법촬영 ⇨ 가볍게 생각할 수 있는 '몰래카메라' 대신 범죄임이 명확한 '불법촬영'으로 사용
리벤지 포르노(revenge porno) - (뜻) 헤어진 연인에게 보복하기 위해 유포하는 성적인 사진이나 영상 콘텐츠	디지털 성범죄 ⇨ 포르노의 유통이 아니라 범죄임을 명확히 드러내는 용어 사용

출처: 서울정보소통광장

· 2019 서울시 성평등 언어사전 시즌 2 ·

성차별 언어	성평등 언어
맘스스테이션 - (뜻) 아이들의 등하원 버스 정류소의 명칭이나 단어. 단어만으로 어떤 곳인지 알 수 없음. - (예) 맘카페, 마미캅	어린이승하차장 - 실제 이용하는 어린이를 주체로 하는 단어로 순화 ⇨ (예) ○○지역의 육아카페, 아이안전지킴이
분자(分子), 분모(分母) - (뜻) 분수 또는 분수식에서 가로줄 위에 있는 수나 식을 분자, 가로줄 아래 있는 수나 식을 분모라고 함.	윗수, 아랫수 ⇨ 분수식에서 가로줄을 기준으로 위를 '윗수', 아래를 '아랫수'로 부르는 것을 제안.
수유실 - (뜻) 아기의 어머니가 아기에게 젖을 먹이도록 따로 마련해 놓은 방.	아기쉼터, 아기휴게실 ⇨ 모두가 함께 아이를 돌볼 수 있는 '아기쉼터' 또는 '아기휴게실'로 부르기를 제안.
김여사 - (뜻) 운전을 잘 못하거나 비상식적으로 하는 사람을 통칭하는 말로 쓰임.	운전미숙자 ⇨ 특정 성별, 연령대를 나타내는 단어보다는 운전을 잘 못하는 사람이라는 말로 풀어서 순화
부녀자 - (뜻) 결혼한 여자와 성숙한 여자를 통틀어 이르는 말	여성 ⇨ 기혼 여부 또는 성숙함을 이르는 말로 여성을 구분하기보다 통칭하는 것을 권장.
경력단절여성 - (뜻) 혼인, 임신, 출산, 육아와 가족구성원의 돌봄 등을 이유로 경제활동을 중단하였거나 경제활동을 한 적이 없는 여성 중에서 취업을 희망하는 여성.(경력단절여성 등의 경제활동촉진법 제2조 中)	고용중단여성 ⇨ 경력이 단절된 게 아니라 고용이 되지 않은 상태를 나타내는 말로 표현하기를 제안.

11. 못 생기면 우리 편 아님! VS 그럼 너네 팀 안 할래.

낙태 - (뜻)자연 분만 시기 이전에 태아를 모 체에서 분리하는 일.	임신중단 ⇨ 여성이 임신 과정에서 주체적으로 선 택한다는 의미의 언어로 순화
버진로드 - (뜻) 결혼식장에서 결혼 당사자들이 입장 하는 길, 영어로는 웨딩아일(Wedding Aisle).	웨딩로드 ⇨ 결혼 당사자들이 함께 걸어가는 길을 표현하는 말로 제안.
스포츠맨십 - (뜻)스포츠맨이 지녀야 할 바람직한 정 신 자세 - (예) 맘카페, 마미캅	스포츠정신 ⇨ 성별 구분 없는 말로 순화 권장. ⇨ (예) 비즈니스퍼슨, 직장인, 코미디언
효자상품 - (뜻) 기업 등의 소득 또는 매출 증대에 크게 이바지하는 상품 - (예) 효자손, 효자종목(주식), 효자매물 (부동산)	인기상품 ⇨ 수익을 내는 특정 상품 등을 '효자'로 비유하기보다는 인기가 많은 현상 그 대로 표현하기를 권장. ⇨ (예) 등긁개, 인기종목, 인기매물

출처: 서울정보소통광장

– 법령 속 개선 단어

성차별 언어	성평등 언어
학부형	학부모 ⇨ 여성을 배제하는 남성중심적 표현 개선 ⇨ 「경찰의식규칙」제15조(외부 인사의 참석) ① 의식을 주관하는 경찰관서장은 의식의 성격과 규모에 따라 다음 각 호의 인사를 초청할 수 있다. 7. 학부형 및 가족
저출산	저출생 ⇨ 인구문제의 책임이 여성에게만 있는 것으로 오인될 소지 없이, 아기가 적게 태어난다는 의미의 용어 사용 ⇨ 「저출산·고령사회기본법」제1조(목적) 이 법은 저출산 및 인구의 고령화에 따른 변화에 대응하는 저출산·고령사회정책의 기본방향과 그 수립 및 추진체계에 관한 사항을 규정함으로써 국가의 경쟁력을 높이고 국민의 삶의 질 향상과 국가의 지속적인 발전에 이바지함을 목적으로 한다.
자(子), 양자, 친생자	자녀(子女), 양자녀, 친생자녀 ⇨ 아들인 남성만을 지칭하는 용어가 아닌 남녀 포괄하는 용어로 개선 ⇨ 「민법」제837조의2(면접교섭권) ① 자(子)를 직접 양육하지 아니하는 부모의 일방과 자(子)는 상호 면접교섭할 수 있는 권리를 가진다.
미혼, 미혼모, 미혼부	비혼, 비혼모, 비혼부 ⇨ 「한부모가족지원법」제17조의5(미혼모 등의 건강관리 및 의료비 지원 기준 등) ① 법 제17조의6제1항에 따른 건강관리를 위한 지원의 범위는 다음 각 호와 같다.
유모차	유아차 ⇨ 유아를 중심으로 표현하는 '유아차'로 사용 ⇨ 「도로교통법」제2조(정의) 10. "보도"(步道)란 연석선, 안전표지나 그와 비슷한 인공구조물로 경계를 표시하여 보행자(유모차와 행정안전부령으로 정하는 보행보

	조용 의자차를 포함한다. 이하 같다)가 통행할 수 있도록 한 도로의 부분을 말한다.
미숙아	조산아 ⇨ 조금 일찍 태어난 아기를 뜻에 맞게 '조산아(早産兒)'로 순화 ⇨ 「모자보건법」제2조 정의 5. "미숙아(未熟兒)"란 신체의 발육이 미숙한 채로 출생한 영유아로서 대통령령으로 정하는 기준에 해당하는 영유아를 말한다.
자매결연	상호결연 ⇨ 성별에 대한 고정관념을 불러일으킬 수 있으며, 서열적 관계로 지칭하는 '자매결연'을 상호 협력하는 의미의 객관적인 용어 '상호결연'으로 순화 ⇨ 「도시와 농어촌간의 교류촉진에 관한 법률」제2조(정의) 이 법에서 사용하는 용어의 뜻은 다음과 같다. 9. "도농자매결연"이란 도시의 주민·기업·단체·기관과 마을의 주민·단체(어촌계를 포함한다) 간에 도시와 농어촌 교류(이하 "도농교류"라 한다)를 목적으로 일정한 행위를 할 것을 약속하는 것을 말한다.

출처: 서울정보소통광장

CHAPTER 12

VS

회의할 때 의견 좀 내라고!

말하고 욕먹느니
그냥 조용히 있을래요.

국내 유명 패션 브랜드, 최근 외국 경쟁브랜드가 우리나라에 진출하려고 한다. 본부장님은 얼른 대책을 내놓으라고 하고 발등에 불이 떨어져 팀장은 급히 회의를 소집한다.

강 팀장: OOO이 본격적으로 우리나라에 진출하는거 다들 아시죠?

팀원 전체: 네...

강 팀장: 워낙 세계적인 회사이고 저가로 밀어붙이니까 참... 만만치가 않아요. 정신 똑바로 차려야 할 것 같아요. 어떻게 하면 이 막강한 경쟁자를 이길 수 있을지... 다들 아이디어 좀 내 볼까요?

팀원 전체: .... (침묵)

강 팀장: 왜 말들이 없어요? 그렇게 아이디어가 없어요?

이 과장: 음... 저는 정면승부밖에 방법이 없다고 생각합니다.

차 과장: 맞아요. 무조건 OOO보다 싸게 팔아야죠.

강 팀장: 아니, 그런데 우리보다 100배는 큰 회사인데 가격경쟁을 하면 우리가 손해지 않을까요? 김 대리! 너는 어떻게 생각해?

김 대리: 글쎄요... 그건 좀 더... 생각을 해봐야... 하지 않을까요?

강 팀장: 뭐라도 좋으니까, 다 같이 의견을 조금 더 내보지?

조용한 회의실. 자신의 의견을 잘 말하지 않는 팀원.

회의실에서 팀장은 답답하기만 하다.

어떻게 해야 팀원들이 말을 할까?

업무를 공유하고, 다양한 문제들을 해결하고, 의견을 조율할 수 있는 시간은 매우 중요한 부분입니다. 소통과 커뮤니케이션, 직장생활을 하면서 정말 자주 듣는 단어입니다. 먼저 그 의미를 정확히 한번 되짚어 볼까요?

동양적 시각의 소통(疏通)이라는 말을 찾아보겠습니다. 사전을 찾아보면 "막히지 아니하고 잘 통함", "뜻이 서로 통하여 오해가 없음"이라고 되어 있습니다.

서양적 시각을 가진 Communication이라는 말은 라틴어인 'Communis(공유)'와 'Communicare(공통성을 이룩한다 또는 나누어 갖는다)'에서 유래한 단어로 "공유, 연락, 의사소통"이라고 되어 있습니다.

어떤 유사점과 차이점들이 보이시나요? 아래와 같이 정리해 보았습니다.

구분	공통점	차이점
(동양) 소통	양방향소통	막힘이 없음
(서양) 커뮤니케이션		공유한다

공통점과 차이점이 보이시나요? 모두 '소통을 한다'라는 측면이 있지만, 동양적 사고에서는 '잘, 정확하고 곡해가 없는' 시각을 말하고 있고, 서양적 사고에서는 '수평적 공유'를 조금 더 중요하게 여기는 부분이 있습니다.

여기서 말씀드리고 싶은 내용은 무엇이 옳고 그르다는 부분을 이야기하는 것이 아닙니다. 다만 우리가 올바른 소통과 커뮤니케이션을 하기 위해서 두 시각 모두 알고 있어야 한다는 것이 중요합니다.

정리해보면

"소통한다", "커뮤니케이션을 한다"라는 것은 다음과 같이 세 가지로 정리할 수 있습니다.

1. 공유한다.
2. 공유된 내용을 오해 없이 양쪽 모두 정확하게 이해한다.
3. 일방적인 전달이 아닌 대화의 주도권을 나누어 가진다.

여러분은 얼마나 위의 세 가지를 잘 지키고 있나요?

회사에 출근하면서부터 시작되는 다양한 소통과 커뮤니케이션, 정말 그 중요성은 누구나 잘 알고 있다고 생각합니다. 하지만 우리는 정말 소통을 '잘'하고 있을까요? 어떻게 소통해야 하는 것일까요? 평소엔 말을 잘하던 직원들이 왜 회의 때는 침묵만 하고 있을까요?

어떻게 회의를 더 잘할 수 있을지 두 가지 측면을 제시하고 싶습니다.

1. 팀/조직의 환경/심리적 측면

최근 환경의 복잡성이 늘어나고 AI가 여기저기에서 도입되면서, 개인적인 일보다 팀의 일이 더 늘어나고 있는 추세입니다. 2016년 하버드비즈니스 리뷰에서도 20년 전보다 현재 50% 이상 팀 업무가 늘어났다고 합니다. 이렇게 팀 업무가 늘어나면서 개개인의 능력보다 팀 안에서 시너지를 낼 수 있는 환경/인재가 더 중요해지고 있습니다. 이처럼 팀을 위한 환경/인재가 정말 얼마나 중요한지 조금 더 자세히 살펴보도록 하겠습니다.

MIT 휴먼다이내믹스 연구소 샌디 펜틀랜드 교수의 연구는 팀의 성과를 예측할 수 있는 변수에 대해 언급하고 있습니다. 어떤 변수들이 있는지 한번 다음 표에 점수를 표시해 볼까요?

(점수 기입/5점 만점, 1점-매우부족, 2점-부족, 3점-보통, 4점-좋음, 5점-매우좋음)

---

1. 구성원들의 업무 납기 준수 여부 (　　 / 5)

2. 구성원들이 발언과 청취 분담의 적절성 (　　 / 5)

3. 구성원들의 명확한 업무목표 (　　 / 5)

4. 구성원들 간의 시선 마주침과 자유로운 대화와 제스처 (　　 / 5)

5. 구성원들의 업무 능력 수준 (　　 / 5)

6. 구성원들 간/리더와의 직접적인 대화 (　　 / 5)

7. 구성원들이 리더를 따르는 정도 (　　 / 5)

8. 구성원들의 주기적 휴식, 정보공유 정도 (　　 / 5)

짝수 번호 점수의 합계: (　　　　　)
홀수 번호 점수의 합계: (　　　　　)

여러분은 홀수번호에 점수를 더 주셨나요? 짝수 번호에 점수를 더 주셨나요?

펜틀랜드 교수의 연구에서는 짝수번호가 성과를 예측할 수 있는 변수라고 이야기합니다.

물론 홀수번호가 중요하지 않다는 것은 아닙니다. 목표설정, 납기준수여부, 업무능력은 좋은 성과를 내기 위해 중요한 요소입니다. 하지만 조직의 성과를 유추하는데 발언과 청취를 얼마나 적절하게 공유하는지, 구성원들의 자유로운 의사소통, 직접적 대화, 정보공유, 팀을 위한 환경/인재가 더 중요하다는 사실을 꼭 기억해 주시기 바랍니다.

이러한 연구들을 기반으로 최근 2016년부터 "심리적 안전감(Psychological Safety)"이라는 단어가 여기저기에서 활용되고 있습니다. 국제영어대학원대학교 신어사전에 의하면 심리적 안전감이란 '(특히 직장 내 팀 안에서) 어떤 생각, 의견, 질문 등을 함으로 처벌받거나 굴욕을 당하지 않을 것이라는 믿음'을 말합니다.

위 짝수 번호 문항들인(발언과 청취 분담의 적절성, 시선 마주침과 자유로운 대화와 제스처, 구성원들 간/리더와의 직접적인 대화, 구성원들의 주기적 휴식, 정보공유 정도) 이러한 내용은 '심리적 안전감'과 연결이 되는 부분입니다. 최근 심리적 안전감과 관련된 책이 많이 출간되는 이유도 이와 같은 맥락이 아닐까요?

왜 우리 팀원은 회의에서는 조용할까? 왜 아이디어를 말하지 않을까? 조용히 의견을 말하지 않는 팀원이 있다면, 혹시라도 심리적 안전감이 무너진 것은 아닌지 되돌아보아야 합니다.

그렇다면 어떻게 하면 조직구성원에게 '심리적 안전감'을 줄 수 있을지 알아보겠습니다.

1-1. '심리적 안전감'에 대한 공유

먼저, 펜틀랜드 연구와 관련된 진단을 팀원과 함께 해보고, 어떤 의미인지 서로 이야기해보는 시간을 마련하는 것이 중요합니다. 아무리 좋아도 서로 공유되지 않으면, 그 의미와 방법에서 혼란이 가중될 수 있습니다. 또한 관련된 서적을 함께 리딩하면서 어떻게 생각하는지를 함께 토론하고 공유해야 명확하게 '심리적 안전감'이라는 것이 공용어로 쓰이게 되고 공감대가 형성됩니다.

사실 이 부분을 생략하고 "이렇게 해야 해!, 이게 중요해!"라고 한다면, 심리적 안전감을 버리고 시작하는 상황이 될 수 있겠죠? 조직문화, 팀 문화는 쉽게 바뀌는 것이 어렵기 때문에 다소 시간이 걸리더라도 꼭 공유가 먼저 되어야 한다는 점을 기억해 주시기 바랍니다.

1-2. 체크리스트 공유

심리적 안전감의 중요성이 공유되었다면, 다음에 할 일은 TO-DO 리스트와 DON'T 리스트를 만드는 것입니다. 회의에서 해야 할 일과 하지 말아야 할 일을 각자 적는 것입니다. 예를 들어, '손들고 말하기', '틀린 질문은 없다', '아이디어를 내었을 때 현실적으로 생각하라고 말하지 않기' 등, 팀에서 심리적 안전감을 지킬 수 있는 것들을 정리하여 공유하고, 회의실에 붙여 놓는 것입니다. 사람은 가시화된 것을 지키려고 노력하기 때문에 작은 글귀라도 자주 접하면 차츰 익숙해 질 수 있으리라 생각합니다.

1-3. 리더의 솔선수범

사실 솔선수범이 회의문화를 오랫동안 지켜 나아가는 가장 중요한 부분입니다. 리더가 스스로 아래 주의 사항들을 지킨다면 조직 내 심리적 안전감은 충분히 녹아들 수 있습니다. 그러기 위해서는 조금은 용기를 내어야 합니다. 본인의 스타일도 중요하지만 정말 조직을 위한다면, 조금은 변화된 모습을 보여주는 것도 중요합니다. 감사와 인정, 말 끊지 않고 경청하기 등 많은 요소들이 포함되는데, 심리적 안전감에서 가장 중요한 부분은 무엇일까요?

바로, 실패와 실수의 인정입니다.

리더 스스로 모르는 것은 인정하고 질문하고, 실수를 이야기 할 수 있다면, 팀원들도 실수를 숨기거나 가리려 하지 않고 말을 할 수 있습니다. 바로 이런 투명함, 솔직함이 심리적 안전감의 핵심입니다.

리더로서 본인이 모른다고, 틀렸다고 말하는 것은 무척이나 힘든 일입니다. 하지만 이런 모습을 보여주는 것은 리더의 용기라고 생각합니다. 유명 연예인인 강호동의 모습을 상상해 볼까요? 그는 tvN '강식당'이라는 프로그램에서 많은 실수를 하고 틀립니다. 그래서 식당을 찾아온 게스트들에게 혼나기도 하고 구박을 받습니다. 그러한 부족함 때문에 게스트들이나 다른 출연진들은 실수에 대해 마음이 편하게 되기 때문에 자신의 실수에 대해서도 부담이 줄어들게 됩니다.

"리더도 틀릴 수 있다. 그렇기 때문에 적극적으로 함께 풀어나가야 한다."라는 관점을 기억해주시고 솔선수범 한다면, 조직은 조금씩 변화할 수 있습니다.

2. 회의진행 프로세스 이해

조직은 왜 회의를 할까요? 아마도 다양한 목적이 있을 것입니다. 여러 사람의 지혜를 모으기 위해, 아이디어를 찾기 위해, 경영방침의 전달, 공통작업을 위한 공유, 문제해결 등의 다양한 이유가 있으리라 생각됩니다.

혹시 글을 읽으면서 회의를 하는 이유에 대해 '커뮤니케이션 역량 강화'라고 생각한 팀장님이 계실까요? 필자는 바로 회의의 목적 중 하나를 '커뮤니케이션 역량 강화'를 실습할 수 있는 시간이라고 생각해야 한다는 점입니다.

즉 회의 자체의 주된 목적이 더 중요하겠지만, 모든 회의는 소통으로 이루어져 있기 때문에 교육적인 부분도 자연스럽게 포함된다는 시각입니다. 다음의 올바른 회의 진행방식을 참고하여 팀 내 커뮤니케이션 스타일을 올바르게 정립하고, 학습할 수 있는 기회로 만들어 보는 것은 어떨까요?

· 회의 체크리스트 ·

구분	번호	체크항목	평가		
			양호	보통	나쁨
필요성 점검	1	회의를 없애거나 다른 회의와 함께할 수 없는가?			
	2	다른 사람이 회의를 한다거나 문서공유 등으로 대체할 수 있는가?			
회의 시간	3	개최일시가 사내 다른 중요행사 또는 회의와 중복되지 않는가?			
	4	안건별 시간계획은 적절히 수립되었는가?			
	5	회의종료 시각은 사전에 결정되었는가?			
회의 인원	6	참석자는 필요 최소 인원으로 선정되었는가?			
	7	회의 주제에 대한 문제의식이나 전문지식이 있는 사람이 포함되었는가?			
	8	회의록 작성자를 선정하였는가?			
	9	참석자 선정 시 관련부서와 사전협의하였는가?			
사전 통보	10	회의목적 및 토의내용을 명확히 하여 사전에 통보하였는가?			
	11	회의자료는 사전에 알기 쉽고, 간결하게 정리되어 배포되었는가?			
	12	적절한 시기에 사전 통보하였는가?(최소 2일 전)			
회의 장소	13	회의장 예약, 적절한 장소/규모(off, on)			
	14	회의보조기구는 충분히 준비되었는가?			
개최 중	15	표준화된 회의록과 회의순서를 이용하여 회의를 진행하고 있는가?			
	16	회의 진행 시 소통을 잘 하고 있는지 체크하고 있는가?			
	17	회의록 작성자는 회의를 잘 기록하고 있는가?			
종료 후	18	회의록에 회의내용을 잘 정리하고 회의 성과를 평가하였는가?			
	19	회의록은 관련자에게 다시 배포되었는가?			

03

팀 운영

CHAPTER 13

VS

요즘 애들은 일머리가 없어.
저는 배운 적이 없는데요?

얼마 전 회사에서 신입사원 채용이 있었다. 예전에는 신입사원 채용을 하면 각 팀에 1명씩은 신입이 있었는데 올해에는 채용 수가 확연히 줄어 팀에 신입이 있을 수도 있고, 없을 수도 있다고 하여 성 팀장은 팀의 신입을 딱히 기대하지 않았다. 그런데 성 팀장의 팀에 신입사원(박 사원)이 들어왔다. 요즘 취업난이 어느 때보다 심하다고 하는데 그런 때에 수많은 인재를 제치고 입사를 했으니 얼마나 괜찮은 친구일지 기대가 되었다.

박 사원이 첫날 와서 인사를 하는데 엄청나게 긴장하며 말을 더듬는 것을 보니 성 팀장은 자신의 신입 시절이 떠올랐다. 약간 긴장되고, 상기되면서 기대에 찬 얼굴. 성 팀장은 박 사원이 지금의 초심을 잃지 않기를 바라며 조 대리와 멘토와 멘티의 관계를 맺을 수 있도록 하였다.

2주 후 박 사원이 잘하고 있는지 조 대리에게 물었는데 조 대리의 대답은 시원치 않았다. 아마도 조 대리가 처음 맡는 멘토 역할이 힘들어서 일 것으로 생각했다. 하지만 박 사원도 멘티로서, 또 신입사원으로서 업무를 그리 잘하는 것으로 보이지도 않았다.

1개월 후 수습 평가를 해야 하는 때가 되었다. 성 팀장은 박 사원의 사수인 조 대리와 면담을 했다.

조 대리: 팀장님! 저는 신입사원과 더 이상 일 못 하겠습니다. 계속 이 상태로 일 하다가는 제가 사직서 내게 생겼습니다.

성 팀장: 박 사원이 실수를 많이 하나요?

조 대리: 하아... 대체... 실수가 너무 많아요. 스펙이 날고 기면 뭐 합니까. 일 머리는 하나도 없고, 시키는 것도 그대로 할 줄 모르는데.

성 팀장: 무슨 일이 있었는데요?

조 대리: 팀장님, 그리고 저희 업무가 전화 한 통, 한 통이 얼마나 중요합니까? 전화가 오면 받지를 않습니다. 당겨 받는 법을 알려줬는데도 불구하고 자신이 제대로 답할 수 없을 것 같다고 지레 겁을 먹고 절대 받지 않습니다. 받고 모르겠으면 물어봐라, 아니면 알 것 같은 사람에게 전화를 돌려주라고 했더니 누가 어떤 것을 아는지 몰라서 못하겠답니다. 얼마전에는 그걸 보고 제가 경악을 했지 뭡니까. 제가 계속 이 친구와 일을 해야 한다 생각하면... 밤에 잠도 안 옵니다. 같이 일 그만하고 싶어요.

신입사원의 퇴사는 대기업이든 중소기업이든 많은 기업에서 이슈가 되고는 합니다. 힘들게 채용을 했지만 오지 않겠다는 직원부터, 한 달 정도 열심히 하다가 그만두는 직원 또, 1년 열심히 가르쳐서 이제야 성과를 낼 수 있겠다고 생각한 직원의 퇴직까지.

'어떻게 다시 뽑지?'
'지금 일은 또 어떻게 배분해야 하는 거야?'
'언제 또 가르쳐?'

이렇게 직원들이 그만둔다고 말할 때면 팀장으로서 다양한 걱정부터 앞서는 것도 사실입니다. 그렇다면 과연 다른 회사들은 어떨까요? 먼저 직원들의 퇴직은 현재 얼마나 일어나고 있는지와 직원의 퇴직이 기업에는 얼마나 영향을 미치는지를 살펴보도록 하겠습니다.

1. 퇴직률

먼저, 퇴직관련 자료를 살펴보겠습니다. 다양한 기준이 있고, 조사기관에 따라 수치는 각각 다르지만 평균적인 수치임을 감안하고 살펴봐 주시기 바랍니다.

2020년 기업 평균 퇴사율: 14%(13.8%)

생각보다 높은가요? 아님 낮은가요? 사실 이 수치는 변수에 따라 크게 달라지기 때문에, 다음과 같은 두 가지 시각이 추가되어야 조금 더 정확하게 파악할 수 있습니다.

바로 기업 규모와 근속연수의 차이에 따라 달라진다는 것입니다.

퇴사율은 대기업보다 중소기업일수록 높아지게 되는데 대기업은 평균 8.6%지만 중소기업은 14.9%로 대기업에 비해 6% 이상 차이가 납니다. 이처럼 기업의 규모가 작아질수록 퇴직률이 높아지는 현상이 있습니다.

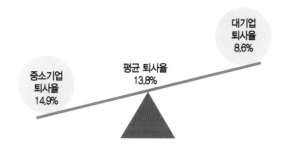

잡코리아, 국내 기업 402개 대상 '2020년 직원 퇴사율 현황' 조사 결과

두 번째로 평균 퇴직률 14% 안에는 신입부터 사장까지 기업 내 모든 직원의 퇴직률이기 때문에 근속연수에 따른 차이를 살펴보아야 합니다. 다음의 도표에서 보다시피 전체 퇴직률에 거의 50%가 1년차 이하 신입사원이 차지하기 때문에 신입사원의 퇴직률은 평균보다 훨씬 높은 약 30%(정확히는 27.8%)가 됩니다. 그렇기 때문에 만약 우리 팀에 신입직원을 3명 뽑았다고 한다면, 그중에 1명은 1년 내 퇴직하게 될 가능성이 높다는 의미가 될 것입니다.

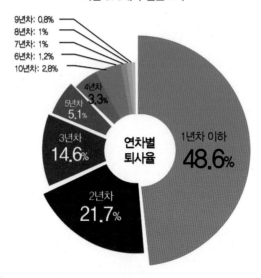

기업 576개사 설문조사

9년차: 0.8%
8년차: 1%
7년차: 1%
6년차: 1.2%
10년차: 2.8%

4년차 3.3%
5년차 5.1%
3년차 14.6%

연차별 퇴사율

1년차 이하 48.6%

2년차 21.7%

사람인, 국내 기업 대상 '직원 퇴사현황' 조사 결과

출처: 사람인

만약 위의 두 변수가 조합되면 퇴직률은 더욱 달라지게 되는데, 만약 중소기업 1년차 이하의 퇴직률을 살펴보면 37%가 됩니다. 이처럼 위에 제시된 14%만 보시는 것이 아닌 다양한 수치를 우리 회사에 맞게 찾아봐야 한다는 부분을 기억하면 좋을 것 같습니다.

가볍게 퇴직률이 어느 정도인지 2021년 기준으로 살짝 정리해 본다면 아래와 같습니다.

* 퇴직률=평균 퇴직률 14%, 중소기업이라면+7%, 1년차 이하 직원이라면+16%

2. 퇴직으로 인한 영향

그렇다면 퇴직으로 인해 회사와 팀은 어떤 영향을 받을까요? 다양한 영향들이 있겠지만, 가장 큰 이유는 당연히 직원 공백으로 인한 직접적인 업무차질입니다. 더불어 아래와 같은 이유들도 추가됩니다.

1. 잦은 채용에 따른 비용 부담: 63.8%
2. 조직분위기 위축: 59.3%
3. 교육비용 손실: 22.7%

출처: 중소기업 인사담당자 52명 대상 설문조사결과, 잡코리아, 2016.

글로벌 기업들도 퇴직으로 인한 영향에 대해서 다양하게 연구를 하고 있습니다. 딜로이트 컨설팅 조사 결과 "퇴직은 단순한 급여의 이슈가 아닌 최소 급여의 3배의 비용이 낭비된 셈이다."라고 말하고 있습니다. 국내에서도 삼성경제연구소의 조사에 따르면 퇴직 시 기업의 비용은 월급의 24배에 해당하는 손실액이라고 연구결과를 내놓았습니다. 이와 같은 연구처럼 그만큼 직원 한 명이 퇴직하는 경우에는 직접적인 업무 이슈뿐만이 아니라 다양한 이슈들이 발생하게 되고 비용은 생각보다 큽니다(Bersin by Deloitte's industry study: Onboarding Software Solutions 2014: On-Ramp for Employee Success).

3. 신규직원을 조직에 잘 적응시키기 위한 방안: 온보딩

위의 내용들에서 살펴보았듯이 현재 퇴직에 따른 다양한 이슈가 발생되고 있습니다. 그렇기 때문에 기업들은 신입직원의 적응을 돕기 위해 다양한 방안들을 내놓고 있습니다. 과연 다른 기업들은 어떻게 신입사원을 조기 안착시키고 조기 퇴사를 막을 수 있을까요?

다양한 방안들이 있겠지만 전반적으로 최근에 가장 중요하게 여겨지고 있는 내용은 바로 "온보딩(Onboarding)"입니다.

온보딩(Onboarding)의 의미는 '배에 탄다'는 뜻으로 처음 배에 타는 사람을 능숙한 선원이 될 수 있도록 돕는다는 뜻입니다. 온보딩은 1970년대에 처음 만들어진 관리 전문 용어로 인사관리에서는 "조직 내 새로 합류한 사람이 빠르게 조직의 문화를 익히고 적응하도록 돕는 과정"을 의미합니다. 예를 들어, 멘토링 제도도 온보딩의 일환이라고 생각하시면 쉽게 이해될 수 있을 것 같습니다.

삼성경제연구소 자료에 따르면 직원들이 회사에 기여하는데 평균적으로 6.2개월의 시간이 소요되고, 40%의 인원은 조직 적응에 실패하여 18개월 내에 퇴직한다고 합니다. 더불어 글로벌 리서치 회사 이곤젠더(Egon Zehnder)에서도 신규 직원이 조직에 적응하는 기간이 6개월이라고 보고 있습니다. 그렇기 때문에 이 시기에 회사/팀에서 신규 직원에게 다양한 도움을 주어야 합니다.

온보딩/멘토링 프로그램은 회사마다 다양하게 구성되어 있고, 사실 그런 제도조차 없는 기업도 많습니다. 그리고 더욱 중요한 것은 회사의 규모나 상황에 따라서 유연하게 도입되어야 하는 제도이기 때문에 명확한 정답을 찾기 위해 노력하기보다는 다음 사례들을 보면서, "우리 조직/팀에게 맞는 온보딩 프로그램"을 선택하여 운영하는 것이 중요합니다.

4. 온보딩 프로그램의 종류

신입직원들은 입사 이후에 '방치된 느낌, 조직문화와 맞지 않는다는 느낌, 성과를 발휘하지 못하는 느낌'을 많이 받는다고 합니다. 이러한 느낌/감정들은 불안감을 야기시키고 부정적인 생각이 꼬리를 물고 커지기 때문에 퇴직까지 발생할 수 있습니다. 그렇기 때문에 온보딩 프로그램을 통해 동료들과 초기 관계 형성을 도와주고, 조직에게 도움을 요청할 통로를 만들어주는 것은 최근 점점 더 중요해지고 있습니다. 그럼 이제부터 본격적으로 어떤 프로그램들이 있는지 살펴보도록 하겠습니다.

구분	시기	내용
Pre Onboarding	입사 전	입사 축하선물, Pre-Onboarding 메일(채용의 이유, 팀 소개, 출근 세부 안내, 온보딩 프로그램 소개)
Onbording	입사 당일	웰컴 키트 제공, 환영행사 및 환영인사, 부서소개 및 제도 안내
	1~6개월	OJT, 타 부서 교류 식사, 멘토링 제도, 정기적 부서장/상급자 면담, 수습제도 운영
	6~12개월	업무목표 설정, 커리어패스 개발

갤럽의 조직 컨설턴트인 로버트 갭사는 "구성원의 충성심은 온보딩에서 시작한다"라고 말하고 있습니다. 그만큼 조직은 단순한 정보 전달을 넘어 스스로가 만든 조직문화와 관련된 경험을 제공해야 한다고 이야기하고 있습니다. 온보딩은 위와 같이 시기별로 나누게 되며 다양한 제도를 운영할 수 있습니다. 그렇다면 과연 어떻게 위 과정을 더 잘 할 수 있을지 조금 더 구체적으로 알아보겠습니다.

4-1. Pre-Onboarding

많은 분들이 온보딩은 입사 첫날부터 시작한다고 생각하지만, 회사가 채용을 확정한 이후부터 온보딩 프로그램이 운영된다는 점을 기억해주시기 바랍니다.

1) 입사 축하선물

입사 축하선물의 경우 많은 기업들이 신입사원 채용 확정 후 부모님이

나 가족분들에게 입사 축하 꽃이나 감사 편지를 제공하는 방식을 이용하고 있습니다. 직접 대표가 친필로 편지를 쓰는 회사들도 있으며, 그렇게 노력을 하면 할수록 회사에 대한 자부심이 올라가기도 하고, '회사가 나를 챙겨주는구나!'라는 생각을 가질 수 있으므로 첫 이미지가 좋아질 수 있는 효과가 있습니다.

2) Pre-Onboarding 메일: 채용의 이유, 팀 소개, 출근 세부 안내, 온보딩 프로그램 소개

출근 전 신입사원들은 많은 고민을 합니다.

'회사는 정말 좋을까, 처음에 가서 무얼 해야 할지, 나를 반겨 줄까, 차를 가져가도 되는지, 빨리 가면 좋다는데 몇시까지 가야 하는지, 복장을 어떻게 입고 가야 할지, 어떤 팀원들이 있는지, 출근 후에 어디로 가야 하는지' 등 다양한 궁금한 점들이 있기 마련입니다.

바로 Pre-Onboarding은 이러한 불안감과 궁금증을 해소하기 위해, 그리고 회사의 첫인상을 더 좋게 하기 위해 시작한다고 생각하면 좋습니다.

여기에서 채용의 이유, 팀 소개의 경우에는 회사의 상황에 따라 입사 당일에 제공하기도 하니, 회사/팀의 상황에 따라 유연하게 적용하시면 좋을 것 같습니다.

첫째, 채용이유를 명확하게 가이드 하는 것이 좋습니다. 국내에서는 아직 많은 기업들에서 실행하고 있지 않지만, 채용사유를 명확하게 전달한다면 '관심과 지지'를 보여줄 수 있는 좋은 기회가 될 수 있습니다. '사실 이렇게까지 해야 하나?'라는 의문이 충분이 들 수 있습니다. 하지만, 다음 작성 샘플을 보시고 만약 팀장님이 이런 메일을 받았다면 기분이 어떠실지 생각해보시기 바랍니다.

채용이유와 관련된 이메일 샘플

안녕하세요. 저는 OO팀 팀장 OOO이라고 합니다.

OOO님의 입사확정을 진심으로 축하드립니다.

우리와 함께 업무를 하게 되어 팀장으로서 정말 기쁩니다. 함께 일하며 앞으로 다양한 업무들을 잘 해 나아갔으면 합니다.

먼저, 우리 팀이 OOO님을 어떤 이유로 채용했는지 말씀드리고 싶습니다. 대학에서 경영학과를 전공하며 다양한 마케팅 관련 프로젝트를 했다는 부분이 전체적으로 인상 깊었습니다. 특히 A경험의 경우 면접 때 OOO님이 말씀하신 바와 같이 책임감을 가지고 노력했다는 부분에서 저희 팀과 잘 맞는다는 생각을 했습니다. 저희 팀은 업무의 특성상 스스로 책임의식을 가지고 진행해야 하는 프로세스를 가지고 있기 때문에 OOO님의 역량이 충분히 잘 발휘될 수 있을 것이라 믿습니다. 더불어 마케팅 데이터 분석역량도 많은 도움이 된다고 생각했습니다. 내부에서 현재 데이터 분석을 어떻게 할지 고민하고 있기 때문에 앞으로 OOO님과 함께 그러한 부분을 함께 해 나아가면 좋을 것 같습니다.

마지막으로 팀플레이어로서의 업무/소통방식도 눈에 띄었습니다. 우리 팀은 업무의 성과를 내야 하는 팀이다 보니 빠르게 업무를 수행하고 객관적으로 날카롭게 피드백을 하는 팀 문화를 가지고 있습니다. OOO님의 경우 면접 시에 다양한 질문에 차분하게 대답하려는 태도를 보여주셨고, 저희가 드리는 피드백을 방어적으로 받아들이지 않고 본인의 성장으로 연결시키는 모습이 저희 팀과 더욱 잘 어울린다고 생각했습니다. OOO님의 도전적인 자세와 태도를 모두가 높게 평가한 부분입니다. 앞으로 우리 팀원들과 다양한 성장을 함께 한다면 즐겁고 의미있는 직장생활이 될 수 있을 거라 생각됩니다.

다시 한번 우리 회사 우리 팀에 입사하게 된 것을 진심으로 환영하고 축하드립니다.

그럼 이제, 저희 팀원들을 소개하겠습니다.

둘째, 팀 소개의 경우 어떤 팀원들과 일을 하는지 미리 소개하는 것으로, 팀 내 직원의 이름과 간단한 인사멘트를 넣으면 조금 더 사람에 대해 미리 준비할 수 있는 자원이 될 수 있습니다. 더불어 회사와 관련된 내용을 조금 더 잘 알 수 있는 별도 페이지를 제작한다거나 운영한다면 관련 링크를 함께 보내는 것도 좋은 방법입니다.

* 관련 사례 참고 방법: 검색사이트 - "노션 팀소개"로 검색해서 다양한 기업의 팀과 팀원 소개 페이지를 참고하시기 바랍니다.

셋째, 출근 세부 안내입니다. 회사/팀에 따라 변경하여 운영할 수 있으나, 아래 내용들 중 혹시라도 빠진 부분이 있다면 지금이라도 하나씩 명확하게 챙겨주시면 좋을 것 같습니다.

- 복장 안내
- 출근 시간 및 주차 안내
- 명함제작 안내
- 회사에서 사용하는 기본 프로그램 가이드(*이메일, 메신저, 협업도구 등)
- 출근일 안내, 멘토 이름/연락처

마지막으로 온보딩 프로그램 안내입니다. 물론 자세한 프로그램 소개를 할 수도 있지만, 기본적으로 온보딩 프로그램의 목적과 1일차에 대한 세부 시간표를 제시한다면 첫날 느낄 불안감을 많이 줄여 줄 수 있을 것입니다.

4-2. Onboarding

이제 본격적으로 출근을 했습니다. 팀장님들은 무엇을 챙겨야 하는지 아래 사항들을 하나씩 살펴보겠습니다.

1) 입사 당일

회사의 방향, 업무 및 조직문화, 인사 및 성과제도와 규칙 소개, 다양한 업무 Tool 안내, 사내 에티켓 소개, 회사 주요 서비스 소개, 조직 및 부서원 소개, 사내 Tour(위치 안내), 사내 동호회 소개, 내부에서 사용하는 주요 용어집 제공 등

운영사례

- **카카오 뱅크:** 입사 첫날 '웰컴 세션' 운영, 기업문화를 단순하게 소개하는 것이 아닌 어떤 제도가 어떤 논의를 통해 만들어졌고, 어떻게 운영되고 있는지를 소개

출처: 카카오 테크 블로그

- **토스:** 첫 출근한 직원에게 이메일로 토스가 추구하는 가치, 문화 등에 대한 30문 30답 운영

입사 첫 날 만나는 토스 문화 소개 문서

2018. 01. 29

토스 문화를 소개합니다

출처: 토스 블로그

- LINE: 노트, 인형, 볼펜, 슬리퍼, 점퍼, 명함, 사원증 등 웰컴 패키지

  제공(2019 iF디자인상까지 수상)

출처: 라인(LINE) 홈페이지

- **모두싸인**: 웰컴 피자제도 운영으로 신규 구성원과 점심에 피자를 먹으며 서로 가까워지는 시간 운영

출처: 모두싸인 블로그

2) 1~12개월차

HR 소프트웨어 및 서비스 공급 업체 밤부 HR은 미국 내 기업에서 일하는 1,000명 이상의 신입 사원들을 대상으로 온보딩 관련한 설문을 진행했습니다. 온보딩 과정에서 가장 중요한 사람은 '우리 팀장님'이라고 응답했고, 온보딩의 성공에서 가장 중요한 요소는 '초기 활동에 대한 리뷰 및 피드백'이라고 답변했습니다. 사실 프리 온보딩도 중요하고 입사 첫날도 중요하지만, 가장 중요한 것은 아무래도 실제 업무에 투입된 이후일 것입니다.

물론 지금도 잘 하고 계시는 팀장님들이 많겠지만, 아래 내용을 조금 더 잘 살펴보고 잘 적응할 수 있도록 다음 사항들을 점검해주시기 바랍니다.

* OJT방식 설정, 타 부서와 함께하는 교류 식사, 멘토링 제도 운영, 정

기적 부서장/상급자 면담, 수습(인턴)제도 운영, 업무목표설정, 커리어 패스 개발

운영 사례(1~6개월차)
- **국내 G사:** 크로스 멘토링 운영(팀내 멘토와 타 팀 멘토 2명이 1명을 위해 멘토링 운영)
- **국내 A사:** 3개월간 주 2회 1:1 업무 리뷰 및 피드백 제공
- **토스(Toss):** 매달 회사의 존재이유 및 일하는 방식에 대한 6시간 토론, 3개월 간 토스 내부 용어에 대한 자동 메신저 설명기능
- **하이브(HYBE):** 월 1회 랜덤 런치박스(기존직원과 신규직원의 1:1 미팅)
- **페이스북:** 6주간의 부트 프로그램 운영(페이스북에서 일하는 방법, 문제해결 방법, 협업 방법들에 대한 코칭 진행)
- **사우스웨스트:** 서바이벌 가이드 제공(각 포지션에 따라 어떤 정보를 어디서 얻을 수 있는지, 업무 수행 시 주의사항들에 대한 소개)
- **뱅크 오브 아메리카:** 6개월간 리더가 할 일들의 우선순위와 일정 수립을 도와줌

운영 사례(6~12개월차)
- **국내 S사 및 K사:** 신입사원 업무개선 발표회 실시(신입+멘토가 함께 업무를 개선하는 발표회 실시)
- **국내 A사:** 6개월 후 함께 모여 커리어 로드맵 발표회 실시
- **애질런트 테크놀로지:** 온보딩 전문코치를 활용하고, 지속적인 개별 코칭 진행

CHAPTER 14

VS

왜 너가 탄 지하철은 맨날 막히니?
죄송합니다. 오늘도 좀 늦어요.

강 팀장은 최근 원형탈모가 생길 지경이다. 이번 팀에 새로 온 정 사원 때문이다.

정 사원은 워라밸을 강조하며 '연장근로가 없는 삶', '18시 칼퇴근'을 목숨처럼 생각하고 지킨다. 정 사원의 동기들을 보니 다 비슷한 생각을 가지고 있고, 더불어 강 팀장의 입사 동기가 '이번 신입사원들 조심하라'고 미리 경고해주었기에 그들의 문화를 이해하려고 노력 중이다.

강 팀장은 그의 신입사원 시절과 다른 문화를 가지고 있는 정 사원 세대의 문화를 인정하려 한다. 하지만 그 안에서도 반드시 지켜야 할 정도가 있다고 생각한다. 워라밸이 중요한 만큼 출·퇴근 시간을 정확히 지켜야 하는 것처럼 말이다. 예전에 강 팀장이 신입사원일 때처럼 아침 7시에 출근하길 바라지도 않는다. 그저 8시 55분까지는 사무실에 와 있어 주기를 바라지만 정 사원은 정시인 9시에 출근을 한 적이 거의 없다.

정 사원은 매번 지각 전 '죄송합니다. 오늘 늦을 것 같습니다.'라는 문자를 보낸다. 이런 문자를 받는 것이 1주일에 4번 이상. 왜 항상 정 사원이 타는 지하철만 배차 간격을 맞추느라 늦어지는 것인지, 왜 정 사원이 에스컬레이터를 탈 때면 보수공사를 하는 것인지 궁금하다. 지각하는 시간도 5~10분 사이이다.

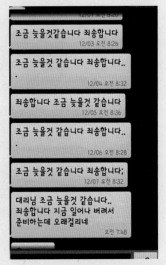

정 사원이 처음으로 지각한 날, 점심시간 이후 10분 가량 면담 시간을 가지며 왜 늦었는지, 무슨 사유인지에 대해서 물었다. 하지만 2~3주째가 되니 이건 그저 핑계일 뿐

이라는 것을 알게 되었고 회사 취업규칙(사규)을 베이스로 구두 경고를 하였다.

하지만 그렇게 구두 경고가 5회를 넘어가도 정 사원의 지각 릴레이는 그칠 줄을 몰랐다. 옆 팀 팀장인 입사 동기가 구두경고가 누적되면 경위서 작성을 시킬 수 있다고 조언해주어 정 사원에게 시말서 작성을 명했다. 정 사원은 시말서 작성은 좀 무서웠는지 처음 시말서를 작성하고 나서는 3일 정도 지각을 하지 않았다. 이제 정신을 차렸나 싶었는데 또 지각하는 정사원. '지각 > 시말서 > 정시 출근 > 다시 지각 > 시말서'의 루틴이 반복되었다. 그렇게 정사원의 시말서는 벌써 5장이 넘어갔다.

정 사원은 오늘도 지각했다. 다시 시말서 작성을 지시하며 한 번만 더 지각하면 정말 책상을 치울 것이라 경고를 했다. 본인도 굉장히 민망해하며 거의 울먹이는 목소리로 다시는 지각하는 일이 없을 것이라 했다. 이렇게까지 말을 했는데도 또 지각을 하면 정말 양심에 털은 바야바 못지않을 것이라 생각했다.

그런데 정 사원, 시말서를 작성한 지 하루 만에 또 지각하고 말았다.

(팀장들의 속마음)

'팀원이 맨날 지각해요. 말해도 안 바뀝니다.'

'자르고 싶은데 가능한가요?'

'갑질로 신고할까 봐 뭐라고도 못하겠어요.'

'나도 착한 팀장이 되고 싶은데 어떻게 해야 하나요?'

'한 번 봐줬더니 계속 지각해요. 도미노처럼 팀원들이 다 같이 지각하기 시작했어요.'

'많이도 아니고 3~5분씩 늦으니 더 환장하겠습니다.'

근태에 대한 고민! 팀장님들 너무 답답하시죠? 현장에서 실제로 많은 팀장님들이 근태와 관련된 고민이 많습니다.

예전엔 부장님보다 먼저 출근하여 자리를 지키고 있는 것이 미덕이라 여기던 때가 있었습니다. 하지만 요즘은 어떤가요? 팀장인 내가 출근해 있더라도 직원들의 책상은 비어있는 경우가 대다수입니다. 직원들은 내가 회사로부터 돈 받는 만큼만 일하는 것이 정석이라 믿으며, 근로계약서에 작성된 시간만큼만 일하면 된다고 말합니다.

노동법의 기본원칙 「무노동 무임금, 유노동 유임금」을 생각하면 신입직원들의 그 생각이 틀린 것은 아닙니다. 신입직원들은 근로자로서 근로기준법의 권리를 누릴 자격이 있고, 그에 따라 사용자(회사)는 근로기준법상 의무를 지켜야 하기 때문입니다. 하지만 권리를 누리고 싶다면 그에 따른 의무가 우선시 되어야 하는 법. 노동관계법령상 사용자(회사)와 근로자의 의무는 각각 어떤 것이 있을까요?

· 사용자(회사)의 의무 ·

임금지급의무	근로자의 근로제공에 대한 대가로써 임금 지급할 의무
안전배려의무	사용자는 생산시설 등의 위험으로부터 근로자의 생명 · 신체 · 건강을 보호할 배려의무

· 근로자(직원)의 의무 ·

근로제공의 의무	사용자에게 성실히 근로를 제공할 의무
충실의 의무	사용자의 이익을 침해하지 않을 행위 (비밀유지의무, 경업금지의 의무*), 사용자의 이익을 침해하지 않도록 특정 행위를 할 의무(사고 대처의무)

근로자의 지위를 가진 직원은 노동법상 의무를 성실히 이행하면 회사는 이에 대한 대가로 직원에게 임금을 지급합니다. 직원이 노동법상 의무를 제대로 하지 않았다면 팀장은 사용자**의 지위에서 직원에게 지각으로 인한 근태 불성실에 대한 징계 처분을 할 수 있을 것입니다.

근태가 불성실한 직원을 보며 회사는 썩을 것 같은 싹은 보일 때 바로 잘라내자는 생각으로 징계처분보다 바로 해고하고 싶은 마음이 굴뚝같겠지만 아래 법에 따라 회사는 정당한 이유 없이 직원을 해고할 수 없습니다.

---

* 특별한 지위에 있는 사람이 타인의 영업과 경쟁이 되는 행위를 하지 않아야 할 의무
** "사용자"란 사업주 또는 사업 경영 담당자, 그 밖에 근로자에 관한 사항에 대하여 사업주를 위하여 행위하는 자를 말한다. (근로기준법 제2조 제1항 2호)
해당 조항에 따라 강 팀장은 사용자 중 '그 밖에 근로자에 관한 사항에 대하여 사업주를 위하여 행위하는 자'에 해당하여 사용자의 지위를 가진다. (강 팀장은 근로자이면서 사용자의 지위를 2개 다 가진 자이다.)'

근로기준법 제23조 제1항 근로기준법 제23조(해고 등의 제한)
① 사용자는 근로자에게 정당한 이유 없이 해고, 휴직, 정직, 전직, 감봉, 그 밖의 징벌(懲罰)(이하 "부당해고 등"이라 한다)을 하지 못한다.

팀장님들의 답답한 마음은 충분히 공감합니다. 하지만 회사는 사내 제정된 취업규칙에 정해진 절차에 따라 징계를 하는 수밖에 없습니다. 대개 회사 취업규칙에 명시된 징계 절차는 대체로 5단계로 나누어지나 징계 절차는 회사마다 다를 수 있습니다.

구두경고(견책)	시말서	감급	정직	해고
구두로 단순 경고 차원의 질책	자신이 잘못에 대하여 그 일의 전말과 함께 본인의 잘못을 반성하는 내용을 적은 문서	일정기간 동안 임금을 감액하여 지급	일정기간 동안 출근이 정지되고, 임금 지급이 중단	근로관계가 강제로 종료

지각이 어느 정도 반복되어야 징계 절차를 밟을 수 있는지에 대하여 정해진 바는 없습니다. 다만 주의할 점이 있습니다. 다수의 기업들이 근로계약서나 취업규칙에 지각 3번이면 결근 1회로 인정하고, 결근 3회 시 해고라는 문구가 기재되어 있는 경우가 많은데 이러한 경우 부당해고의 가능성이 있기 때문에 취업규칙을 변경한다거나 아래와 같은 절차를 밟아야 합니다.

1달을 기준으로 하여 5회 이하의 지각인 경우 ① 구두 경고(개별 면담 후 구두 경고 여부 작성), ② 구두 경고 후 지각이 3차례 이상 되면 시말서 작성, ③ 시말서 작성 후에도 계속 지각이 진행된다면 ④ 감봉 → 정직 → 해고 순으로 징계를 해야 할 것입니다.

※ 다만, 위의 지각 횟수는 예시이며, 회사의 상황, 지각의 사유, 전후 사정

등을 판단하여야 합니다.

※ 기업에 따라 경고를 징계에 포함하기도, 포함하지 않기도 합니다. 1회성 통보만 하고 인사기록부에 기록하지 않는 경우 공식적 불이익은 없어 징계로 인정되지 않지만, 서면으로 정식통보하고 기록으로 남아 승진과 연봉 등에 영향을 주는 경우에는 징계로 인정됩니다.

시기	징계형태	간략 대화 멘트
초기	구두경고 시말서	Bad
		- 오늘도 지각이네요? 이번 달에 엄청 지각했는데 이유가 어찌되었든 다시는 이런 일 반복되지 않았으면 합니다. - 지각하지 말라고 말씀드렸는데 또 지각을 하셨네요? 시말서 써 오세요.
		Good
		○○님, 일주일에 2번 정도 2~3분씩 지각하는데 이번 달만 벌써 5번째네요. (fact 사실) 혹시 몸이 안 좋거나, 다른 문제가 있는건 아닌지 걱정돼서 잠깐 이야기 나누자고 했어요. 30분씩 일찍 오라는 것은 아니니 근무시간 5~10분 전까지 만이라도 착석하고 업무준비하면 ○○님께 심적 여유도 생길테니 조금 신경쓰면 좋을 것 같아요. (alternative 대안)
중기	감봉 정직	Bad
		- 도대체 지각으로 쓴 시말서가 몇 개입니까? 이대로는 못 넘어갑니다. 이 건은 징계위원회에 넘기겠어요.
		Good
		○○님, 지금까지 지각으로 쓴 시말서가 3개나 됩니다. (fact 사실) 지난 번에도 말씀드렸지만 업무는 책임감있게 잘 하는 사람인데 근태가 계속 문제가 되니 다른 직원들과의 형평성에도 문제가 생기고, 무엇보다 ○○님이 평소에 잘 해내는 일들이 다른 사람

		들 눈에 다르게 해석될까봐 걱정되어 아쉽기도 하네요. 더 이상 현 상황이 반복되지 않도록 해주세요. (alternative 대안)
말기	해고	Bad
		- 버릇, 안 고쳐지나요? 지각으로 도대체 몇 번의 징계를 받아야 더 이상 지각을 안 할까요? 저희 회사에서는 당신의 지각을 못 받아들이겠습니다. 저희 인연은 여기서 끝인 것 같습니다.
		Good
		○○님, 지금까지 지각으로 쓴 시말서와 구두경고, 2~3회에 걸친 저와의 면담 등 여러 가지 방법으로 기회를 주고 말씀드렸으나, (fact 사실) 연락없이 늦는 지각, 갑작스러운 결근, 반복적으로 반성없는 태도를 보여서 안타깝지만 저희 회사와는 더 이상 함께 할 수 없을 것 같습니다. (alternative 대안)

※ 지각시기인 초기, 중기, 말기는 회사규모에 따라 내부 규정이 모두 다를 수 있으니 그 기준에 맞게 정하시면 됩니다. 또한 이런 태도가 심각해지기 전에 바로 잡고 지도하는 것이 관건이기에 초기, 중기의 코칭적 대화는 훨씬 깊이있고 다양한 관점의 대화가 필요합니다만 표 안에는 간략하게만 정리했습니다. (사실(Fact)과 대안(Alternative) 중심의 FA대화법)

〈실 판례 사례〉

근로자가 3개월 간 59회 무단외출과 7일간 지각을 하고도 반성하는 태도를 보이지 않는 경우, 징계해고 사유가 됨.(대법원 1996. 9. 20. 선고 95누15742 판결)

사회통념상 용인할 수 없는 상습적이고 습관적인 지각행위에 대한 징계해고

(계속)

PART 03. 팀 운영

는 정당하다.
(중노위 2009. 7. 20. 선고 2009부해445)

이 사건 근로자는 평소 지각을 자주하였으나 이를 사유로 징계해고 한 것은
그 양정이 지나치다고 주장하나, 이 사건 근로자는 1991.12.26. 지각 11회에
의한 1차의 서면경고를 받은 후 2000.4.18. 및 2001.3.27. 근무평가 시 근태
(지각)가 불량하여 2차와 3차의 서면경고를 받은 바가 있고, 또한 평소 직장
상사로부터 지각으로 인해 "근태관리에 신경을 쓰라"는 지적을 수시로 받았
음에도 전혀 개선되지 않은 채 2006년 77회, 2007년 78회, 2008년에 90회의
지각을 하였는바, 이 사건 사용자의 취업규칙에 지각은 징계사유에 해당되고
그 지각이 단지 경미(월 3회에서 5회)한 경우에는 그 횟수에 따라 견책에서
정직에 이르는 징계처분을 하게 되어 있으나, 이 사건 근로자와 같이 사회통
념상 납득할 수 없는 수준의 상습적이고 습관적이며 개전의 정이 없는 지각
의 경우에는 징계수위를 달리 할 수 있다고 봄이 상당하므로 이 사건 근로자
의 주장은 이유가 없다.

CHAPTER 15

남자가 육아휴직을 쓴다고?
여자만 육아휴직 쓰는 줄 아세요?

임 대리 부부는 결혼한 지 5년이 넘었지만, 아이가 생기지 않아서 고민이 많았는데 최근 극적으로 임신에 성공했다. 아이 돌보미를 구하려 했으나 쌍둥이를 맡는다는 돌보미는 찾기가 어려웠고, 겨우 쌍둥이를 맡아주겠다는 돌보미를 찾아도 급여가 너무 높았다.

결국 육아휴직을 써야겠다고 다짐했고, 아내가 임신 7개월 차에 들어선 임 대리는 인터넷을 검색하여 육아휴직 신청 서식을 찾아서 작성했다. 다음 날 임 대리는 안 팀장에게 육아휴직 신청서를 건넸다.

안 팀장은 임 대리의 육아휴직 신청서를 받고 놀라지 않을 수 없었다. 안 팀장이 회사에 입사하고 팀장이 되는 16년의 기간 동안 남자직원이 육아휴직을 신청한 경우는 보지 못했기 때문이다. 물론 아빠도 육아휴직을 낼 권리를 가지고 있다는 것을 알고 있고, 기사를 통해 다른 회사에서도 이런 일이 있다고 알고 있었다. 우리 팀에도 이런 상황이 벌어질지 몰랐고, 지금 임 대리가 맡고 있는 일도 중요도가 높은 것들이 많은데다가, 승승장구하며 성장하고 있는 직원인데 갑자기 육아휴직을 쓴다고 하니 이해가 되지 않았다. '굳이 남편이 써야 하나?'라는 생각이 들기도 하고, 이런 사례를 실제로 처음 봐서 적지 않게 놀랐다.

임 대리는 육아휴직 승인을 목 빠지게 기다렸다. 임신 7개월 차, 좀 이르게 육아휴직을 신청한 것은 자신이 맡은 업무가 많아 후임자(대체자)의 채용이 필요할 것 같았기 때문이다. 자신의 일을 동료직원이 나눠 갖기엔 이미 동료들의 업무가 과한 것이 현실이었다.

안 팀장은 본부장에게 임 대리의 육아휴직 신청 상황을 보고했다. 본부장과 안 팀장은 임 대리의 육아휴직 승인 여부에 대한 긴 논의 끝에 이를 승인하기로 했다. 회사 내에서 남자 직원의 육아휴직 신청은 이번이 처음이었기에 회사 이미지 상승 차원에서 승인을 해주자는 결론에 이르렀던 것이었다.

(안 팀장의 생각)

안 팀장은 임 대리의 육아휴직을 승인한 것이 굉장히 뿌듯하다. 꽤나 개방적이고 진보적인 팀장이 된 것 같은 느낌이다. 임 대리에게 육아휴직 승인을 알려주면서 인수인계서를 쓰라고 했다. 안 팀장은 '임 대리는 어쩌다 나 같은 좋은 팀장을 만났을까? 팀원의 상황을 객관적으로 수용해주고 있고, 팀 내 업무를 생각하면 사실 보내주기 어려운 상황이지만 시대의 흐름에 발맞춰 의사결정을 한 나 자신이 기특하군'이라고 생각한다.

(임 대리의 생각)

남편의 육아휴직은 아기가 태어난 다음부터 사용 할 수 있고, 휴직 30일 전에만 신청하면 된다는 것을 알고 있다. 하지만 임 대리는 본인이 업무가 많고, 회사가 대체자를 구할 시간을 넉넉히 주기 위해서 일부러 아내 임신 7개월 차에 육아휴직을 신청한 것이다. 육아휴직 승인까지 2달이 걸리다니... 이런 상황은 예상하지 못했다. 임 대리는 후임자 채용이 얼른 이루어지지 않을까봐 마음이 조급하다.

"육아휴직? 갑자기? 바빠서 인원 충원해야 할 판인데 빠진다고?"

"안 해주면 안 되겠지? 법적으로 어떤 절차가 있지?"

"이게 머선 129?"

갑작스런 휴직신청에 당황스러운 팀장은 뭐라고 말하고 어떻게 처리해야 할까요?

육아휴직은 직원이 어린 자녀를 양육하기 위하여 회사를 일정 기간 휴직할 수 있는 제도입니다.

[육아휴직의 대상자]

- 1인 이상 모든 사업장의 직원들
- 재직기간 6개월 이상 된 부모
- 만 8세 이하 또는 초등학교 2학년 이하의 자녀가 있는 부모

[육아휴직의 사용조건]

- 자녀 1명당 최대 1년(쌍둥이 2년, 세쌍둥이 3년)
- 부모 동시 사용 가능
- 육아휴직 시작 30일 전까지 육아휴직 신청서를 회사에 제출해야 함
- 다만 ① 출산예정일 이전에 자녀가 태어났거나 ② 배우자의 사망, 부상, 질병, 장애 또는 배우자와의 이혼 등으로 해당 자녀를 양육하기 곤란할 때는 휴직 시작 7일 전까지 육아 휴직 신청 가능
- 1회 신청 시 30일 이상 사용, 1년의 기간을 2회 나누어 사용 가능

남편의 육아휴직은 아내의 출산 이후 가용 가능

분할 횟수	사용방법
한 번에 쓰기	12개월
1회 나눠 쓰기	예1) 6개월 + 6개월 = 총 12개월 예2) 3개월 + 9개월 = 총 12개월 ※ 위의 예1), 예2)와 같이 12개월을 원하는 기간만큼 1회를 나누어 쓸 수 있음
2회 나눠 쓰기	예1) 3개월 + 3개월 + 6개월 = 총 12개월 예2) 3개월 + 6개월 + 3개월 = 총 12개월 예3) 3개월 + 3개월 + 3개월 = 총 9개월 ※ 위의 예1), 예2)과 같이 12개월을 원하는 기간만큼 2회를 나누어 쓸 수 있음. 다만 예3)처럼 육아휴직 사용 기간이 9개월이라 3개월의 육아휴직이 더 남아있다 하더라도 이미 육아휴직을 2번을 나누어 쓴 상태이기 때문에 남은 3개월의 육아휴직은 사용할 수 없음

[육아휴직에 대한 궁금증]

Q1. 육아휴직 사용 중 아이가 만 9세 혹은 초등학교 3학년이 된 경우 육아휴직을 계속 사용할 수 있나요?

－ 네, 가능합니다. 육아휴직 사용 중 아이가 만 9세, 초등학교 3학년이 되었더라도 나머지의 육아휴직 기간을 모두 사용할 수 있습니다. 육아휴직 시작일을 기준으로 자녀 연령이 만 8세 이하 또는 초등학교 2학년 이하면 됩니다.

Q2. 회사에서 육아휴직을 거부할 수 있나요?

- 안됩니다. 회사에서 직원의 육아휴직을 거부하면 500만원 이하의 벌금형에 처해집니다. 육아휴직을 보내지 않고 벌금으로 대신할 수도 없습니다. 벌금은 벌금대로, 육아휴직은 육아휴직대로 승인해 주어야 합니다.

Q3. 육아휴직을 갔던 직원이 복직하는데 그 직원이 했던 업무를 다른 직원이 하고 있습니다. 이런 경우에는 어떻게 해야 하나요?

- 많은 직원들이 복귀 후 직무배치에 대해서 불만을 갖는 경우가 많습니다. 그렇기 때문에 팀장님들은 육아휴직 전에 이 내용을 사전 공지하는 것이 중요합니다. 육아휴직 후 회사로 돌아온 직원에게는 휴직 전 동일한 업무로 복귀시켜야 하는 것이 법적인 원칙입니다. 다만 회사의 사정상 동일한 업무로 복귀하기 어려운 경우 동등한 수준의 임금을 지급하는 직무로 복직하는 것도 가능합니다.

★ 실전에서 팀장이 말하는 법

"임 대리님, 임 대리님의 육아휴직이 끝나고 복직하면 지금 하던 업무와 같은 업무를 해야 하는 것이 맞아요. 그것이 원칙이라서 나도 최대한 동일한 직무로 복귀하게끔 노력할겁니다. 하지만 회사 사정상 그렇지 못할 수도 있기 때문에 복직해서 팀 변경이나 업무변경의 이슈가 있을 수도 있다는 것을 미리 알고 있어야 해요. 하지만 혹 직무가 바뀐다 해도 임금은 동일하게 받게 될 것이고 이건 법에서 제안하는 방법 중 하나라고 하니 우선 아이에게 집중해서 육아 열심히 하고, 다시 복귀할 수 있도록 하는 게 좋을 것 같아요."

- 복직 관련 사항에 대한 당부(3개월)

"임 대리님, 육아휴직 끝나고 복직하실 거죠? 복직하실 것이라 믿습니다. 그런데 혹시 상황이 여의치 않아서 복직을 못한다면 3개월 전에는 꼭 알려주셔야 합니다. 그래야 저희도 대책을 세워 준비하고 업무를 해나갈 수 있으니 그 부분 배려해주세요."

Q4. 전 직장에서 육아휴직을 6개월 썼는데 이직 후 육아휴직은 다시 1년 사용할 수 있나요?
- 아닙니다. 육아휴직은 회사의 재직기준이 아니라 '자녀'를 기준으로 합니다. 따라서 회사를 옮겼는지 여부와 상관없이 1명의 자녀를 대상으로 최대 1년에 한하여 육아휴직을 사용할 수 있습니다.

★ 실전

1) 팀장이 육아휴직 신청을 받을 때 이직한 직원이라면 기존의 직장에서 동일한 자녀에 대하여 육아휴직을 신청한 적이 있는지 담당 팀에 확인해보는 것이 좋습니다.
2) 기존의 직장에서 육아휴직이 있었던 경우 해당 기간을 제외한 기간 만큼만 육아휴직이 허용됨을 통지해주어야 합니다.

"임 대리님, 우리 회사 경력직으로 입사하신 거죠? 혹시 예전 회사에서 현재 자녀 대상으로 육아휴직 사용한 적이 있나요? 아,,, 6개월 쓰셨어요? 그럼 우리 회사에서는 남은 6개월만 육아휴직을 사용할 수 있습니다."

Q5. 육아휴직을 신청한 직원이 복직하지 않을까봐 걱정이 됩니다. 복직하지 않은 직원에게 페널티를 줄 수 있나요?
- 안타깝지만 육아휴직 후 직원이 복직하지 않아도 해당 직원에게 회사 차원에서 페널티를 줄 수는 없습니다. 이를 방지하기 위하여 고용보험법에서 육아휴직 급여의 75%는 육아휴직 중에 지급하고, 나

머지 25%에 해당하는 금액은 회사에 복직 후 6개월 이상 근무한 경우 합산하여 일시금으로 지급하는 '육아휴직 급여 사후지급금' 제도를 운영하고 있습니다. 다만 일부 직원 중 '육아휴직 급여 사후지급금'을 포기하고 복직을 하지 않는 경우가 종종 발생하기도 합니다. 그러므로 팀장은 항시 육아휴직을 간 직원이 복직하지 않을 수도 있다는 변수를 항상 염두에 두어야 합니다.

Q6. 직원이 육아휴직을 신청하면 인원이 비어서 힘듭니다. 대체 인력을 뽑아야 하는데 도움받을 수 있는 곳이 있을까요?

— 고용노동부에서 출산휴가, 육아휴직 등으로 공백이 예상되는 자리에 맞는 대체 인력을 추천해주는 취업 지원시스템인 「대체인력뱅크」•를 무료로 이용할 수 있습니다.

대체인력 채용지원 서비스

• http://matchingbank.career.co.kr/info.asp

Q7. 육아휴직 급여는 얼마나 수령할 수 있나요?

— 육아휴직 급여는 회사에서 지급하는 것이 아니라 고용노동부에서 직원에게 지급하는 것입니다. 육아휴직 급여는 육아휴직 기간이 30일 이상이고, 육아휴직 시작일 이전 고용보험에 가입한 기간이 180일 이상인 직원에게 고용보험에서 지급됩니다.

2022년 기준 육아휴직 급여의 지급기준으로 아래와 같습니다.

[일반 육아휴직 급여(2022. 1. 1. 시행)]

12개월 전 기간	월 통상임금의 80%(상한액 150만원, 하한액 70만원)

※ 2021. 12. 31. 이전에 육아휴직을 시작했다 하더라도 2022. 1. 1. 이후부터 인상된 육아휴직 급여를 받을 수 있음.

Q8. 육아휴직 급여 중 '아빠 육아휴직 보너스'라는 것은 무엇인가요?

— 같은 자녀에 대하여 첫 번째 육아휴직 자가 최대 1년까지인 육아휴직 기간을 모두 사용하지 않고 일부만 사용했더라도, 두 번째 육아휴직자는 '아빠 육아휴직 보너스제'를 적용받아 육아휴직 첫 3개월간 통상임금 100%(최대 250만원)를 지급받는 제도를 말하며 이는 2022. 12. 31.까지 시행됩니다.

같은 자녀에 대하여 두 번째 육아휴직자가 분할하여 육아휴직을 사용했다 하더라도 최초 3개월까지는 '아빠의 달' 특례가 적용됩니다. 같은 자녀에 대하여 부모의 육아휴직 기간이 겹치는 기간은 '아빠 육아휴직 보너스제' 특례가 적용되지 않습니다. 예를 들어 두번째 육아휴직자의 첫 3개월 중 2개월이 겹치는 경우, 겹치지 않는 나머지 2개월만 '아빠 육아휴직 보너스제'●가 적용됩니다.

● 육아휴직 사용 시 처음에는 엄마가, 두 번째는 아빠가 사용하는 경우가 많아 해당 특례의 명칭이 '아빠의 달 특례'가 되었음.

※ 2022. 1. 1. 이후 '아빠 육아휴직 보너스제' 특례가 적용되었다면 4
　개월 이후의 육아휴직 급여는 월 통상임금의 50%(상한 월 120만원)
　만 지급됨에 유의

● 생후 12개월이 지난 동일한 자녀에 대해 첫 번째 부모가 육아휴직을
　사용하고, 이어서 두 번째 부모가 육아휴직을 사용하는 경우

● 생후 12개월 이내의 동일한 자녀에 대해서는 두 번째 부모가 2021년
　이전에 육아휴직을 사용한 경우

● 첫 번째 부모의 육아휴직 기간에 상관없이 두 번째 육아휴직자가 사
　용한 육아휴직 기간에 따라 적용

● 두 번째 부모가 육아휴직을 분할 사용하는 경우에도 적용 가능

● 2022년 새롭게 적용되는 '3＋3 부모육아휴직제'와 달리 부모가 동일
　한 자녀에 대해 동시에 육아휴직을 사용하는 기간에는 미적용

● 2021년 11월 19일 시행된 임신 중 육아휴직을 사용한 경우에도 '아빠
　육아휴직 보너스제' 적용

| 시작일 ～ 3개월 | 통상임금 100% 지급(상한액 월 250만원, 하한액 70만원) |
| 4개월 ～ 12개월 | 통상임금 50% 지급(상한액 월 150만원, 하한액 70만원) |

2022. 1. 1.부터는 '아빠 육아휴직 보너스제'가 아니라 「3+3 부모육아휴직제」가 시행됩니다. 자녀가 생후 12개월 내에 있는 부모가 동시에 또는 순차적으로 육아휴직 사용 시, 첫 3개월에 대해서는 부모 각각의 육아휴직 급여를 통상임금 100%로 상향하여 지급하는 제도입니다.

	아빠육아휴직보너스제	3+3 부모육아휴직제
자녀 나이	만 8세 이하 또는 초등학교 2학년 이하	생후 12개월 이내
사용 형태	육아휴직 순차적 사용만 허용	육아휴직 동시에 또는 순차적 사용
적용 대상	두 번째 육아휴직자	부부 모두
적용 기간	최대 3개월	최대 3개월
적용 급여	월 통상임금 100%	월 통상임금 100%
상한액	월 250만원	*월 200만원, 250만원, 300만원

2022년부터 '아빠 육아휴직 보너스제'를 신청할 수 있는 근로자, 2022년에 '아빠 육아휴직 보너스제' 기간이 1개월 이상 남은 근로자가 유리한 제도를 선택할 수 있습니다.

Q8-1. 2022년 변경되는 '3+3 부모 육아휴직제'에 대해서 알고 싶습니다.
- 2022년에는 부모 모두가 마음 놓고 육아휴직을 사용할 수 있도록 육아휴직 급여가 늘어나는 등 여러 정책들이 신설되었고 '3+3 부모 육아휴직제'도 그 중 하나입니다.

▶ 지급요건
① 생후 12개월 이내 부모가 모두 육아휴직 사용
- 2022년 1월 1일 이후 부모가 동시 또는 순차적으로 육아휴직을 사

용하면 부모 모두 첫 3개월 간 통상임금의 100%(월 최대 300만원)을 육아휴직 급여로 직원 받을 수 있습니다.

- 첫 번째 부모가 2021년 육아휴직을 사용하였더라도 두 번째 부모가 같은 자녀에 대하여 202년 1월 1일 이후 육아휴직을 최초로 시작한 경우에도 적용됩니다.

② 생후 12개월 이내 자녀에 대한 육아휴직 사용

- 2021년 출생한 자녀라 하더라도 생후 12개월 이내 부모 모두가 육아휴직을 사용한 경우라도 적용

- 다만, 2021년에 출생한 자녀라 할지라도, 두 번째 육아휴직자의 육아휴직 최초 개시일이 2021년인 경우에는 '3+3 부모육아휴직제'가 적용되지 않음

〈'3+3 부모육아휴직제' 적용 여부(예)〉

① 부모 모두 '22년 이후 육아휴직 사용한 경우(ⅰ,ⅱ)

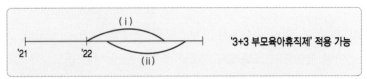

② 첫 번째 부모 육아휴직 '21년 사용(ⅰ), 두 번째 부모 육아휴직 '22년 사용(ⅱ)

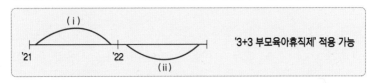

③ 첫 번째 부모 육아휴직 '21년 사용(ⅰ), 두 번째 부모 육아휴직 '21~'22년 사용(ⅱ)

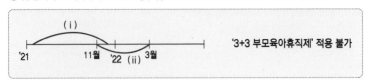

• 고용노동부 육아휴직급여 2022년도 제도개편 설명자료

- 생후 12개월 이내 여부는 두 번째 육아휴직자의 <u>육아휴직 최초 개시일을 기준</u>으로 판단
  - 육아휴직 도중 자녀 나이가 생후 12개월을 도과하더라도 예정된 육아휴직 기간에 따라 '3+3 부모육아휴직제' 적용
- 2021년 11월 19일부터 시행된 임신 중 육아휴직을 사용한 경우에도 '3+3 부모 육아휴직제' 적용
  - '3+3 부모 육아휴직제' 적용 시, 임신 중 육아휴직을 하는 경우에는 임신 중인 태아를 자녀로 보고, 임신 중인 근로자와 그 배우자를 부모로 봄

〈첫 3개월의 육아휴직급여 지급수준〉 *

구분	현행	개편
부모 중 한사람만 육아휴직 시	▸ 통상임금 80%	▸ 통상임금 80%
부모 모두 육아휴직 시	▸ (첫번째) 통상임금 80% ▸ (두번째) 통상임금 100%	▸ (첫번째) 통상임금 100% ▸ (두번째) 통상임금 100%

* 부모 모두 3개월+3개월 육아휴직급여 지원 신설(만 0세 이하 자녀)
- 母 3개월 + 父 3개월 : 각각 최대 월 300만원 지원(통상임금의 100%)
- 母 2개월 + 父 2개월 : 각각 최대 월 250만원 지원(통상임금의 100%)
- 母 1개월 + 父 1개월 : 각각 최대 월 200만원 지원(통상임금의 100%)

※ 2022년 육아휴직 급여 인상

육아휴직 4~12개월째에 받는 급여가 인상됩니다. 기존에는 통상임금의

• 고용노동부 육아휴직급여 2022년도 제도개편 설명자료

50%(최대 월 120만원)이 지급되었지만 2022년부터는 통상임금의 80%(최대 월 150만원)을 받을 수 있습니다. 한부모 직원에 대해서도 7~12개월 육아휴직급여를 통상임금의 50%(최대 월 120만원)에서 통상임금의 80%(최대 월 150만원)으로 인상해서 지급합니다. 다만, '아빠 육아휴직 보너스제'를 사용하는 경우 2022년의 육아휴직 급여 인상율이 적용되지 않고 기존 통상임금의 50%(최대 월 120만원)이 지급됩니다. 이는 2022년 '아빠 육아휴직 보너스제'와 육아휴직 급여 인상 혜택이 중복지원되는 것을 방지하기 위한 정부의 조치입니다.

Q9. 한부모 직원에게도 육아휴직 급여에 대한 특례가 있나요?

– 네, 있습니다. 개인 사정으로 한부모로 자녀를 양육하는 직원에게 육아휴직 급여에 대한 특례가 존재합니다.

첫 3개월	월 통상임금의 100%(상한액 250만원, 하한액 70만원)
4개월 ~ 6개월	월 통상임금의 80%(상한액 150만원, 하한액 70만원)
나머지 기간(7개월 이후)	월 통상임금의 50%(상한액 120만원, 하한액 70만원)

Q10. 육아휴직을 하면 경력단절 등이 걱정됩니다. 아이를 양육하면서 회사를 다닐 수 있도록 휴직 대신 근무시간을 조절하면서 육아할 수 있는 방법이 있나요?

– 네, 있습니다. 「육아기 근로시간 단축제도」가 바로 그것입니다.
   만 8세 이하 또는 초등학교 2학년 이하의 자녀가 있으며, 회사의 재직기간 6개월 이상 된 부모는 최대 2년(자녀 1명당 1년+육아휴직 잔여기간)간 「육아기 근로시간 단축제도」를 이용할 수 있습니다.

자세한 내용은 고용보험 홈페이지*를 통하여 도움받길 바랍니다.

---

* https://www.ei.go.kr/ei/eih/cm/hm/main.do (고용보험 홈페이지) 〉 고용보험제도 〉 모성보호안내

CHAPTER 16

VS

사회생활 하면서 다 겪는 일이지, 설마 너한테만 그러겠어?
저만 괴롭히는 것 같아요. 직장 내 괴롭힘 아닌가요?

16. 사회생활 하면서 다 겪는 일이지, 설마 너한테만 그러겠어? vs
저만 괴롭히는 것 같아요. 직장 내 괴롭힘 아닌가요?

179

우리 팀은 5명의 멤버 중 최근 2명의 멤버가 바뀌었다. 타 팀에서 이동해 온 멤버 김 대리 1명과 신입 강 사원 1명이다. 연초라 각자 자신의 주어진 업무에 집중해서 일하는 것만으로도 정신없는 상황이었고, 그냥 맡은 자신의 일만 각자 잘 해내줘도 감사한 요즘이라고 생각하며 지내고 있다.

한참 이렇게 신규 인력들이 적응하면서 바쁘게 지내고 있는데 갑자기 부서 내 TF가 구성되어 팀별 브레인 1명씩 보내라는 명령이 떨어졌다. 타 팀에서 온 직원과 신입은 현재 우리 팀에 적응하는 시간도 필요하기에, 기존 멤버 중에 적극성이 있고, 경력도 꽤 있어 역량도 높은 이 과장을 대표로 보내야 하는 상황이다. 허나 우리 팀도 한참 바쁜 시즌이라 이 과장이 현재 맡고 있는 프로젝트가 큰 규모라 보낼 수 없는 상황인데, TF팀에서도 이 과장을 보내달라고 한다. 전사적으로 경영진들이 모든 에너지를 집중하고 있는 신사업개발 분야이며, 각 팀에서 능력자들을 뽑아가고 있는지라 이 과장을 보낼 수밖에 없는데, 나는 우리 팀에 이동해 온 김 대리도 역량이 꽤 되는 인물이기에 김 대리를 보내고 싶지만 어쩔 수 없이 부서 분위기에 휩쓸려 이 과장을 보낼 수밖에 없는 상황이다. 솔직히 이 과장과 TF팀장은 전에 같은 팀에서 일했던 사이인데 이 과장이 그리 편하게 생각하지 않는 것 같았고, 이 과장 본인도 가기 싫다는 의견을 얘기하기도 했었는데 상황은 답정너처럼 흘러갔다. 우리 팀에서 기존에 맡고 있던 프로젝트가 있어 빨리 제 날짜에 보내주지 못하고 다른 멤버들보다 며칠 늦게 보냈고, 가서도 우리 팀의 업무도 약간 병행하고 있는 상황이었다.

그렇게 TF로 간지 약 2달 정도 흘렀을 때쯤 하루는 이 과장이 나를 찾아와 차 한 잔 할 수 있냐며 잠깐 시간 좀 내달라고 한다.

고 팀장: 한참 바쁠텐데 이 과장이 먼저 나를 보자고 하고, 무슨 일 있어?

요즘 TF 생활은 어때?

이 과장: 아~ 그냥 그럭저럭 정신없이 지내고 있습니다. 차 한잔 마실 여유가 없네요.

고 팀장: 그렇지? TF가 전사적 관심이라 아마 더 그럴거야.

이 과장: 네~ 그건 뭐 알고 가서 각오는 어느 정도 하고 있었는데, 가서 직접 닥치니까 훨씬 힘들어서 팀장님 좀 뵙자고 말씀드렸어요. 그리고 회사 인트라넷에 보니까 팀장님이 고충처리위원이라고 써 있어서 적격이라고 생각하기도 했고요.

고 팀장: '으응? 내가? 내가 고충처리위원이라고? 언제 내가 그렇게 된거지?' 아.. 그.. 그래? 뭐가 어떻게 심하길래 이 과장이 이 정도로 얘기를 하지? 무슨 일이야?

이 과장: 저희 팀 제가 맡고 있었던 프로젝트에서 바로 빠질 수 없어서 제가 일주일 정도 늦게 합류하지 않았습니까? 그래서 이번 TF의 분위기를 제대로 파악을 못한건가 싶기도 하고요. 제가 합류하고 나서는 굉장히 잘 대해주셨어요. 팀장님과 팀원들 모두요.
1주일 정도 후에 팀 회의가 있었는데 현재 팀장님이 전체적인 업무 설명과 진행 상황 등을 프레젠테이션을 해주시고 하셨고, 돌아가면서 TF가 잘 되기 위한 한마디 혹은 업무와 관련해서 한마디씩 돌아가면서 하게 했어요. 다들 업무의 방향성에 대해서 말을 했는데 저는 팀장님께서 뭔가 좀 중심을 잘못 잡고 계신 것 같아서 그 부분에 대해서 말씀을 드렸습니다. 제가 팀장께 말씀드리는 것이 좀 그렇기는 했는데 그래도 자유롭게 이야기하라고, 이런 걸로 뭐 꼬투리 잡지 않겠다고 하시기도 했고 그래서요. 그런데 그 회의 이후부터인가.... 팀장님께서 절 대하는 태도가 달라지셨다고 해야 할까요? 무슨 일이 벌어지면 대리급에서 처리해도 되는 일을, 탁 대리는 00해야해서 바쁘다, 장 대리는 00해야해서 안 된다 이렇다 저렇다 하면서 잡일들을 제게 몰아주시니 굵직한 제 업무만 맡아도 제대로 해낼

16. 사회생활 하면서 다 겪는 일이지, 설마 너한테만 그러겠어? vs
    저만 괴롭히는 것 같아요. 직장 내 괴롭힘 아닌가요?

181

까말까 한 판에 이런 일들이 2달째 지속되니까 슬슬 지치네요.

고 팀장: 그럼 팀장한테 얘기를 해야지. 업무를 좀 효율적으로 나눠서 하면 중요한 업무에 더 집중할 수 있을 것 같은데 권한을 좀 줄 수 있는지... 그런 것에 대해서 얘기는 해봤고?

이 과장: 아니요. 안 해 봤습니다. 현재 팀장님이 워낙 불도저처럼 밀고 나가시는 스타일이도 하지만, 제가 전 팀에서 같이 근무했을 때 2~3번 정도 이견제시를 했다가 팀원들 앞에서 자존감 무너질 정도로 창피도 당했었고, 자신이 민감할 때면 말씀을 좀 막 하시다가 다음날 아침 출근하면 또 언제 그런 일이 있었냐는 듯 웃으며 인사하시고 그러니 저는 불편감이 있죠. 그래서 처음부터 TF로 가지 않으려고 했던 것도 있구요.

고 팀장: 그랬구나... 워낙 급하게 1명씩 배정하라고 하고, 역량 높은 이 과장을 보내달라고 자꾸 요구를 하니 더 이상 반박할 수 없어서 보낸건데 가서 고생 많이 하고 있네. 근데 자네도 눈치 좀 챙기지 그랬어. 자유롭게 의견을 말하라고 한다고 다른 사람들 다 있는 자리에서 팀장이 업무 제대로 중심 못 잡는 것 같다는 이야기를 하면 어째?! 그럼 당연히 기분 나쁘지.

이 과장: 그 부분은 저 뿐만 아니라 다른 팀원들도 모두 공감했던 부분이었고, 제가 말을 꺼냈을 뿐입니다.

고 팀장: 아무리 그래도 그렇지. 우리 때는 그런 건 상상도 못했어. 자유롭게 회의에서 내 견을 말하는 것도 진짜 많이 발전한 건데 거기에 팀장을 까? 와.... 지금 자네 팀장 자존심이 얼마나 강한 사람인데 그 때 어땠겠어. 근데 그래도 그 팀장이 뒤끝 있는 사람은 아니야. 그냥 일이 있으니까, 다들 사정이 있으니까 일을 시키고 그런거겠지. 일 하루이틀 해? 다 그렇잖아!

이 과장: '같은 동기라고 감싸시는건가.. 이야기를 계속 해도 되는건가... 말 꺼

낸거 마무리는 져야지...'

흠... 저도 이렇게까지는 생각하고 싶지 않은데, 급작스럽게 떨어지는 분석자료가 있으면 꼭 퇴근 시간 임박해서 저한테 시키시고, 금요일 오후에도 주말까지 일을 해야하는 그런 일들을 저한테 맡기시는데 그런 일이 반복되고, 보고서를 가져가면 제가 보기엔 문제가 없어 보이는데 무슨 작은 꼬투리라도 잡아서 꼭 첫 번째는 리젝을 하시니까 불편하고, 점심먹고 자리에 앉아 조금 쉬고 있으면 12:45분~50분 사이쯤에 불러서 뭐 물어보는 척 하시면서 업무를 먼저 시작하게 유도하기도 하고, 제대로 점심시간마저 잘 못 쉴 때도 많습니다. 상무님 짐을 저보고 옮기는거 도와드리라고 할 때도 있고, 전무님 개인 자료를 저보고 보기좋게 분석정리해서 갖다드리라고, 이틀 후에 외부 기관에서 강의하시는데 필요한 자료라고 그런 것도 저한테 시키시고, 제 업무시간에 방해받을 때가 한두번이 아닙니다. 제가 보기엔 다른 팀원들한테는 안 그러는데 특별히 저한테만 더 그렇게 하시는 것처럼 느껴지니 매일 출근하는데 힘들고, 다시 저희 팀으로 빨리 돌아오고 싶은 생각만 드는 상태에요. 이 정도면 직장 내 괴롭힘 아닌가요?

자신보다 윗사람을 회의 자리에서 업무실수로 비난하는 일이 벌어지다니... 나 같아도 이건 정말 화가 날 일이다. 소리를 지르고 화를 내지 않은 것만 해도 다행이라고 생각하는데 저정도로 일이 좀 몰린다고 해서 자기만 괴롭힘을 당한다고 생각하는 이 과장을 이해할 수 없다.

16. 사회생활 하면서 다 겪는 일이지, 설마 너한테만 그러겠어? vs
저만 괴롭히는 것 같아요. 직장 내 괴롭힘 아닌가요?

183

팀장이 해야 할 일이 오조오억개라고는 하지만, 그 중에서도 요즘 직장 내 갑질에 대한 이야기를 빼놓을 수 없는 상태입니다. 중대재해처벌법, 직장 내 갑질문화근절, ESG경영 등 챙겨야 할 것들이 너무 많지만 이렇게 심리적 안전감(Psychological Safety)이 있는 팀 문화가 있는 곳이라면 직원들이 이렇게 와서 어려움을 표현할 수 있을 것이고, 그렇게 하기 위해 직장 내 갑질 근절을 위해 어떻게 대처해야 하는지에 대해 알아보겠습니다.

상시 근로자수 30인 이상 사업장이라면 「근로자참여 및 협력증진에 관한 법률」에 따라 고충처리위원은 필수로 선임되어 있어야 합니다. 고충처리위원은 직장 내에서 발생하는 근로자들의 다양한 고민을 해결하는 상담자의 역할을 수행하는 사람으로 대체적으로 팀장급의 사람들이 맡는 경우가 대부분입니다.

본인의 업무만으로 바쁜데도 불구하고 고충처리위원으로서 상담자의 역할까지 해야 한다는 것은 팀장들에게는 굉장한 부담일 수밖에 없습니다. 특히 직장 내 괴롭힘에 대한 상담을 할 때 큰 부담을 느낀다고 합니다. 하지만 직장 내 괴롭힘이라는 것에 대해서 정확한 정의를 잘 인지하지 못하고 예전 회사를 다닐 때 비하면 지금은 정말 천국이라 해도 될 정도로 처우가 좋아졌는데 어떤 면에서 괴롭힘을 당하고 있다고 말하는지에 대해서 공감하지 못하고 들어주는 척만 하고 몇 마디의 위로의 말로 끝내버리려고 하거나, 아니면 없었던 일로 하려는 일이 많이 있습니다. 하지만 그렇게 되면 호미로 막을 수 있는 일을 가래로 막을 수도 없는 일이 생길 수 있습니다.

우선, 고충처리위원은 「근로자참여 및 협력증진에 관한 법률」에 따라 상담 받은 고충을 처리해야 합니다.

첫째, 고충 사항을 근로자로부터 청취한 후 10일 이내에 조치사항·처리 결과 통보해주어야 합니다. 고충 사항이 어떤 것이든 회사 내에서 도움을 줄 수 있는 부분이라면 도움을 주고 조치 및 처리 결과를 고충을 토로한 근로자에게 통보해주어야 합니다.

둘째, 근로자가 털어놓은 개인의 고충 사항이 다수 또는 전체 근로자에 해당하는 사항이거나 고충처리위원이 처리하기 곤란한 사항일 경우에는 사업주에게 통보하거나 노사협의회 안건으로 상정하여 고충을 해소해주도록 해야 합니다. 상시 근로자수 30인 이상 사업장의 경우 분기별로 노사협의회를 개최하도록 되어 있습니다. 이 때 고충처리위원으로서 상담 받은 내용이 전체 근로자에게 해당하는 사안이거나, 회사로부터 도움을 받아야만 해결되는 사안이라면 노사협의회 개최 시 이를 협의사항의 안건으로 상정하여 노사협의회 내 사용자위원과 근로자위원의 도움을 받아야 합니다.

셋째, 직장 내 성희롱 및 직장 내 괴롭힘과 같은 사안에 대해 사내 규정에 따라 대응해야 합니다. 고충처리위원이 되었다면 사내 규정 등은 어느 정도 미리 파악을 하고 있어야 합니다. 사건이 발생했을 경우 어떤 식으로 사건이 진행되는지, 피해자보호는 어떤 식으로 이루어지는지 등을 알아두어야 합니다.

회사에서 직장 내 괴롭힘의 고충의 상담이 있는 경우에는 ▲누구든지 신고가 가능하고 ▲사용자는 조사 기간에도 근무장소 변경이나 유급휴가 부여 등 피해자 보호조치를 해야 하며 ▲괴롭힘이 있었다는 것이 확인될 경우 피해자의 의견을 청취한 후 행위자에 대한 징계 및 인사조치를 해야 하며 ▲피해자가 요청할 경우 전환배치, 유급휴가, 배치전환 등의 배려조치를 해야 하며, ▲피해자 및 신고자에 대해 불리한 처우를 해서는 안 됩

16. 사회생활 하면서 다 겪는 일이지, 설마 너한테만 그러겠어? vs
저만 괴롭히는 것 같아요. 직장 내 괴롭힘 아닌가요?

185

니다.(근로기준법 제76조의3)[*] 법에 의한 직장 내 괴롭힘 고충처리 과정은 아래와 같습니다.

직장 내 괴롭힘의 경우 근로기준법 제93조^{**} 제11호에 따라 회사의 취

- 근로기준법 제76조의3(직장 내 괴롭힘 발생 시 조치) ① 누구든지 직장 내 괴롭힘 발생 사실을 알게 된 경우 그 사실을 사용자에게 신고할 수 있다.
  ② 사용자는 제1항에 따른 신고를 접수하거나 직장 내 괴롭힘 발생 사실을 인지한 경우에는 지체 없이 당사자 등을 대상으로 그 사실 확인을 위하여 객관적으로 조사를 실시하여야 한다.
  ③ 사용자는 제2항에 따른 조사 기간 동안 직장 내 괴롭힘과 관련하여 피해를 입은 근로자 또는 피해를 입었다고 주장하는 근로자(이하 "피해근로자등"이라 한다)를 보호하기 위하여 필요한 경우 해당 피해근로자등에 대하여 근무장소의 변경, 유급휴가 명령 등 적절한 조치를 하여야 한다. 이 경우 사용자는 피해근로자등의 의사에 반하는 조치를 하여서는 아니 된다.
  ④ 사용자는 제2항에 따른 조사 결과 직장 내 괴롭힘 발생 사실이 확인된 때에는 피해근로자가 요청하면 근무장소의 변경, 배치전환, 유급휴가 명령 등 적절한 조치를 하여야 한다.
  ⑤ 사용자는 제2항에 따른 조사 결과 직장 내 괴롭힘 발생 사실이 확인된 때에는 지체 없이 행위자에 대하여 징계, 근무장소의 변경 등 필요한 조치를 하여야 한다. 이 경우 사용자는 징계 등의 조치를 하기 전에 그 조치에 대하여 피해근로자의 의견을 들어야 한다.
  ⑥ 사용자는 직장 내 괴롭힘 발생 사실을 신고한 근로자 및 피해근로자등에게 해고나 그 밖의 불리한 처우를 하여서는 아니 된다.
  ⑦ 제2항에 따라 직장 내 괴롭힘 발생 사실을 조사한 사람, 조사 내용을 보고받은 사람 및 그 밖에 조사 과정에 참여한 사람은 해당 조사 과정에서 알게 된 비밀을 피해근로자등의 의사에 반하여 다른 사람에게 누설하여서는 아니 된다. 다만, 조사와 관련된 내용을 사용자에게 보고하거나 관계 기관의 요청에 따라 필요한 정보를 제공하는 경우는 제외한다.
- 근로기준법 제93조(취업규칙의 작성·신고) 상시 10명 이상의 근로자를 사용하는 사용자는 다음 각 호의 사항에 관한 취업규칙을 작성하여 고용노동부장관에게 신고하여야 한다. 이를 변경하는 경우에도 또한 같다.
  1. 업무의 시작과 종료 시각, 휴게시간, 휴일, 휴가 및 교대 근로에 관한 사항
  2. 임금의 결정·계산·지급 방법, 임금의 산정기간·지급시기 및 승급(昇給)에 관한 사항
  3. 가족수당의 계산·지급 방법에 관한 사항
  4. 퇴직에 관한 사항
  5. 「근로자퇴직급여 보장법」 제4조에 따라 설정된 퇴직급여, 상여 및 최저임금에 관한 사항
  6. 근로자의 식비, 작업 용품 등의 부담에 관한 사항
  7. 근로자를 위한 교육시설에 관한 사항
  8. 출산전후휴가·육아휴직 등 근로자의 모성 보호 및 일·가정 양립 지원에 관한 사항
  9. 안전과 보건에 관한 사항
  9의2. 근로자의 성별·연령 또는 신체적 조건 등의 특성에 따른 사업장 환경의 개선에 관한 사항

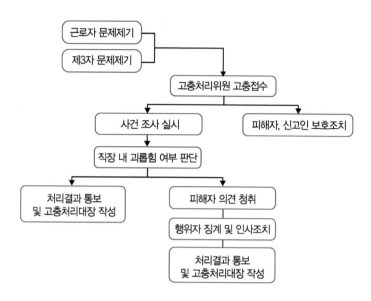

업규칙 내에 예방 및 발생 시 조치에 관한 사항이 명시되어 있어야 합니다. 하지만 회사에 따라 '직장 내 괴롭힘 세칙'이 마련되어 있는 곳도 있습니다. 따라서 회사 내 직장 내 괴롭힘 관련 규정이 어떻게 규정되어 있는지 반드시 살펴보아야 합니다.

2021. 10. 14. 직장 내 괴롭힘 관련 법안에 개정된 바 있습니다. 회사 내 규정에 개정된 법이 반영되었는지도 살펴보아야 합니다. 개정된 법이 반영되지 않았다 하더라도 고충처리위원이라면 개정된 법을 알고 있어야 합니다.

10. 업무상과 업무 외의 재해부조(災害扶助)에 관한 사항
11. 직장 내 괴롭힘의 예방 및 발생 시 조치 등에 관한 사항
12. 표창과 제재에 관한 사항
13. 그 밖에 해당 사업 또는 사업장의 근로자 전체에 적용될 사항

16. 사회생활 하면서 다 겪는 일이지, 설마 너한테만 그러겠어? vs
    저만 괴롭히는 것 같아요. 직장 내 괴롭힘 아닌가요?

	개정 전	개정 후
직장 내 괴롭힘 행위 대상 확대	사용자 또는 근로자	사용자 또는 근로자 +사용자의 친족 중 대통령령으로 정하는 사람
사용자 또는 근로자+사용자의 친족 중 대통령령으로 정하는 사람이 직장 내 괴롭힘 행위자인 경우	신설	1천만원 이하 과태료
직장 내 괴롭힘 발생 시 지체 없이 객관적 조사 실시	벌칙조항 없음	위반 시 500만원 이하 과태료
직장 내 괴롭힘 조사 시 알게 된 비밀 누설 금지	신설	위반 시 500만원 이하 과태료
사용자가 피해자를 보호하는 조치를 하지 않거나 행위자에게 징계 등 필요한 조치 해야	벌칙조항 없음	위반 시 500만원 이하 과태료
업무와 관련하여 제3자로부터 괴롭힘을 당한 경우에도 사용자는 보호조치를 해야	벌칙조항 없음	위반 시 1천만원 이하 과태료

직장 내 괴롭힘 상담 시 기억해야 할 원칙

1) 공감

고충처리 상담 시 신고자의 말에 공감해주어야 합니다. '나 때는 그런 건 진짜 괴롭힌다는 생각은 하지도 못했어.', '네가 오죽 못했으면 그렇게 까지 말했겠니?'라는 등의 말은 상대방에게 더 큰 상처가 될 수 있습니다. 신고자의 말과 요구에 귀를 기울여야 합니다.

진중하고 진심어린 태도로 임하며 경청 후 "업무하는데 어려움이 많았 겠네. 그랬구나. 하기 어려운 말이었을텐데 우선 나한테 와서 얘기해줘서 고마워." 등의 말로 공감합니다.

2) 공정하고 객관적 처리

신고자가 지목하는 행위자가 내 동기이거나 나와 친한 사람이라고 해 서 그 사람을 감싸주는 발언 등을 하는 것은 삼가야 합니다. 신고자가 불 안감을 느끼지 않도록 절차를 안내하고, 상담 내용은 철저한 비밀에 붙여 진다는 것을 알려주어야 합니다.

"그럴 리가 있나? 그 친구가 원래 그런 사람이 아닌데?" 등의 멘트는 금 지입니다.

3) 2차 피해가 발생하지 않도록 빠르게 처리

신고자가 고충처리를 하러 온 것 자체가 굉장히 어려운 결심입니다. 사 건의 특성상 2차 피해가 발생할 개연성이 높기 때문에 최대한 빨리 조사 를 시작 및 완료하고, 신고자의 보호와 신고자의 2차 피해를 예방하는 조 치도 신속히 진행되어야 합니다.

16. 사회생활 하면서 다 겪는 일이지, 설마 너한테만 그러겠어? vs
    저만 괴롭히는 것 같아요. 직장 내 괴롭힘 아닌가요?

189

4) 회복

신고자의 신고가 괴롭힘으로 인정된 경우 행위자에게 행위에 합당한 징계가 이루어진다는 것을 알려주고, 신고를 이유로 한 불이익 처분은 불관용원칙으로 처리된다는 것을 알려주어야 합니다. 신고자가 해당 괴롭힘으로 힘들어 하는 경우 심리상담 전문기관을 소개해주어 앞으로의 회사생활에 지장을 주지 않도록 해야 할 것입니다.

근로자건강센터 : 1577-6497(별첨 참조)
정신건강복지센터 : 1577-0199(보건복지콜센터 129)
근로복지넷 EAP(workdream.net) : 근로복지공단 사이트에서 EAP 배너 클릭

※ 직장 내 괴롭힘이란?

사용자 또는 근로자는 직장에서의 지위 또는 관계 등의 우위를 이용하여 업무상 적정범위를 넘어 다른 근로자에게 신체적·정신적 고통을 주거나 근무환경을 악화시키는 행위를 말합니다. (근로기준법 제76조의 2)

직장 내 괴롭힘은 그 양태가 매우 다양해서 모든 행위 유형을 열거·규정할 수 없으나 KICQ(Korea Interpersonal Conflict Questionnaire)* 등 직장 내 괴롭힘 피해 진단항목, 일본·호주 등 해외 매뉴얼 등을 토대로 직장 내 괴롭힘 가능성이 있는 행위를 예시하면 아래와 같습니다.**

---

* 국내 직장 괴롭힘의 실태 분석 및 대응방안 연구, 2016, 한국직업능력개발원
** 직장 내 괴롭힘으로 인한 건강장해 예방 매뉴얼(2020) 5p (고용노동부, 안전보건공단)

- 정당한 이유 없이 업무 능력이나 성과를 인정하지 않거나 조롱함
- 정당한 이유 없이 훈련, 승진, 보상, 일상적인 대우 등에서 차별함
- 다른 근로자들과는 달리 특정 근로자에 대하여만 근로계약서 등에 명시되어 있지 않은 모두가 꺼리는 힘든 업무를 반복적으로 부여함
- 근로계약서 등에 명시되어 있지 않은 허드렛일만 시키거나 일을 거의 주지 않음
- 정당한 이유 없이 업무와 관련된 중요한 정보제공이나 의사결정 과정에서 배제시킴
- 정당한 이유 없이 휴가나 병가, 각종 복지혜택 등을 쓰지 못하도록 압력 행사
- 다른 근로자들과는 달리 특정 근로자의 일하거나 휴식하는 모습만을 지나치게 감시
- 사적 심부름 등 개인적인 일상생활과 관련된 일을 하도록 지속적·반복적으로 지시
- 정당한 이유 없이 부서이동 또는 퇴사를 강요함
- 개인사에 대한 뒷담화나 소문을 퍼뜨림
- 신체적인 위협이나 폭력을 가함
- 욕설이나 위협적인 말을 함
- 다른 사람들 앞이나 온라인상에서 나에게 모욕감을 주는 언행을 함
- 의사와 상관없이 음주/흡연/회식 참여를 강요함
- 집단 따돌림
- 업무에 필요한 주요 비품(컴퓨터, 전화 등)을 주지 않거나, 인터넷·사내 네트워크 접속을 차단함
- 성적 혐오감을 느끼게 하는 말이나 행동

16. 사회생활 하면서 다 겪는 일이지, 설마 너한테만 그러겠어? vs 저만 괴롭히는 것 같아요. 직장 내 괴롭힘 아닌가요?

191

CHAPTER 17

VS

정리해고 기준, 합리적이고 공정하지?
합리와 공정의 기준이 뭐죠?

회사에서 갑자기 팀장 회의가 소집되었다. 코로나로 회사 상황이 안 좋아지고 있다며 회사에서 명예퇴직을 할 지원자를 먼저 받고, 그 후에 모자라는 인원은 정리해고로 채운다고 했다. 회사는 각 팀장에게 팀장의 권한으로 팀에서 1명의 정리해고 대상자를 선정하라고 했다.

신 팀장: 정리해고 대상자 선정은 인사팀에서 하는거 아닌가요? 저희가 무슨 권한으로 대상자를 선정하나요?

인사팀장: 회사 전체적인 상황을 미루어봤을 때 정리해고 대상자 선정은 인사팀보다는 각 팀의 팀장님이 더 잘하실 것 같다고 결정을 내렸습니다. 우선 먼저 명예퇴직 지원자를 받아주세요. 명예퇴직 지원자는 회사에서 3년치 연봉을 지급하기로 했습니다. 명예퇴직 지원자가 없다면 각 팀에서 정리해고 대상자 1명을 선정해주시기 바랍니다. 정리해고 절차와 대상자 선정기준에 대한 틀을 설명해 드릴테니 3주 안에 대상자를 선정해주세요.

회사에서 명예퇴직 지원자를 받았으나 시국이 시국인지라 스스로 회사를 나가겠다고 지원하는 직원은 없었다. 그래서 회사에서는 일정 인원의 정리해고를 결정하였고, 결국 신 팀장은 3주 이내에 팀 내 정리해고 대상자 1명을 직접 선정하여 보고해야만 한다. 모든 팀장들은 내 팀원들 중 1명을 스스로 내보내야 한다는 것이 너무 마음 아프다.

회사에서 내려온 정리해고의 기준은 다음과 같다.

구분	기준	비중	평가	가감점	총점
인사고과	최근 3년간의 인사고과 평균(표창 및 징계 여부 포함)	30	A	30	
			B	20	
			C	10	
			D	0	
어학능력	준 navtive	20	상	20	
	단독으로 업무수행에 무리없음		중상	15	
	업무수행에 적절		중상	10	
	업무수행에 다소 어려움		하	5	
현직위 재직기간	단, 부서 내 최고 책임자의 경우는 감점 없음	-10	5년 미만	0	
			5년 이상	-5	
			7년 이상	-10	
장기근속	평가일 현재 근속연수	30	3년 미만	0	
			3년 이상	10	
			5년 이상	20	
			10년 이상	30	
			없음	0	
본인 외 부양가족	연말정산 기준 부양가족	20	1인	2	
			2인	4	
			3인	8	
			4인	15	
			5인 이상	20	
기타	업무관련 자격증	10	사유별	10	

※ 위의 표는 회사마다 기준과 규정, 구분에 대한 카테고리, 우선순위가 다르다.

이것은 정답이 아닌 하나의 예시일 뿐이다.

해당 기준에 따른 팀원들의 점수(100점 기준)는 다음과 같았다.

신 팀장(나): 115점

박 차장: 93점

최 과장: 110점

성 대리: 88점

임 대리: 104점

우 대리: 102점

본 기준에 따라 성 대리가 정리해고 대상자로 결정되었고, 신 팀장은 성 대리를 회의실로 조용히 불렀다.

신 팀장: 이미 회사 공고를 봐서 알고 있겠지만 회사 상황이 어려워지면서 직
원 수를 줄인다는 결정을 내렸어요. 이번 정리해고 결정은 우리 회
사가 자구노력을 위하여 심사숙고 끝에 내린 조치이고, 선정기준은
회사의 필수기능과 그에 따른 적정인원이 기준이 됐고... 성 대리를
회의실로 부른 것으로 눈치를 챘을지 모르지만, 우리 팀에서 성 대
리가 정리해고 대상자로 결정됐어요. 최근 근무 평가, 업무능력 등
의 기타 요소를 고려하여 인사팀에서 대상자를 선정했다고 하네. 나
도 이런 얘기하면서 마음이 너무 안 좋아... 회사에서는 최종 확정
내용이라고 하면서 각 팀에 알려준 내용이거든. 그동안 누구보다 회
사를 위해서 최선을 다하고 성실하게 임해준 사람이라 성 대리가 대
상자가 된 것이 나도 참... 코로나로 인해 회사사정이 너무 급박히
안 좋아지면서 회사 입장에서도 이런 결정을 내릴 수밖에 없는 상황
이라 이게 참....

이 말을 전달하고 있는 신 팀장은 마음이 너무 안 좋아 뭘 어떻게 해야할지
난감하기만 했다.

어렵게 말을 이어 성 대리에게 사직서, 퇴직위로금, 실업급여에 대한 설명
을 해주려고 하자, 성 대리는 몹시 당황하며, 화를 내기 시작했다.

성 대리: 제가 왜 선택이 된 거죠? 최종결정은 누가 한 겁니까? 평가 방법의
기준이 뭐죠? 저 업무 때문에 결혼까지 미루다가 파혼하게 된 거 알
지 않으십니까? 저 누구보다 회사에서 열심히 일했습니다. 저한테 어
떻게 이렇게 하실 수 있습니까? 왜 최 과장님이 아니고 저죠?

사실 성 대리는 이 팀의 에이스다. 업무능력도 뛰어나고 센스도 좋아 신 팀
장도 놓치고 싶지 않은 인재임에 틀림없다. 성 대리의 말처럼 최 과장이 정리
해고 대상자가 되었어야 할지도 모른다. 인사고과나 업무적인 측면에서 성 대
리가 최 과장보다 훨씬 나으니 말이다. 업무실적이 좋은 성 대리이지만 미혼이

라 현재 4명의 가족을 부양하고 있는 최 과장에게 피부양자 수가 밀려 정리해고 대상자가 되었다. 신 팀장은 이를 어떻게 성 대리에게 설명해주어야 할지 모르겠다.

팀장이 무슨 죄인지 이런 경우에 리더로서 아픈 상황을 정리해야 할 때 사람이기에 마음이 안 좋고, 코로나 상황 때문에 어쩔 수 없는 결정이라는 것은 알지만 더욱이 팀에서 에이스 급이었던 직원을 퇴사처리해야 한다는 것은 힘든 일입니다. 그러나 회사의 팀장으로서 해결해야 하는 문제임은 자명합니다.

정리해고 대화 시 노하우

1. 그동안의 노고 인정, 마음관리 – 코로나로 인한 회사의 어쩔 수 없는 결정이라는 것, 성 대리 자체의 인간관계나 실력의 문제가 아님을 명확히 할 것

성 대리의 마음은 누구도 상상하지 못할 정도로 상해있고 억울하고 분하며, 회사에 대한 배신감, 나머지 팀원들에 대한 원망으로 가득할 것입니다. 그렇다고 한들 '다 같이 급여라도 내려서 모두 함께 근무하는 방향으로 조율은 왜 못하지? 그런 방법으로 팀장은 제안을 안 해봤나?' 등 내 회사처럼 주인의식을 가지고 일 하라고 했던 회사를 위해 최선을 다했건만 결국 돌아오는 건 이런 결과인가? 회사를 위해 했던 그 많은 야근들, 인간관계 등 많은 생각들이 오가며 앞으로 살아갈 길이 막막해서 뇌가 멈춘 느낌일 것입니다.

2. 이유설명 – 어떠한 기준에 의해서 결정된 사항인지, 왜 일 잘 하는 성 대리가 선택된 것인지에 대한 기준표 제시와 함께 설명해야 합니다. (인사

팀에 요청해서 받은 후 결과만 통보하는 것이 아니라 근거제시가 되어야 함. 자료가 있다고 해도 조작되고 나를 쫓아내기 위해 만들어진 서류라고 생각할 지도 모르기 때문에 이 부분은 하나하나 자세한 설명이 필요)

3. 그 외의 노력 – 팀장의 네트워크 중 혹시 비슷한 업계에 이동할 수 있는 곳은 없는지, 인사팀에 물어봐서 어떤 사이트들을 참고해서 다른 회사로 옮길 수 있는지 등 찾을 수 있는 방법들을 최대한 알아봐주는 노력의 자세가 필요합니다.

'결과가 어떻든 회사가 이러니 우리 팀에서는 너가 나가라' 식의 태도가 아니라 이렇게 될 수밖에 없는 상황을 같이 고민하고, 내 식구였던 팀원 성 대리의 마지막 부분까지 함께 노력해주는 모습은 같은 팀에서 최선을 다해줬던 사람에 대한 유종의 미가 아닐까요? 언젠가 정리해고 대상자가 내가 될 수도 있다는 생각을 버리지 말고 돕는 자세를 보이는 것이 필요합니다.

특히 이런 상황에 대한 면담은 익숙치 않을 것이니 다음 내용을 참고하시기 바랍니다.

회사의 사정이 좋지 않아 회사가 정리해고 할 수밖에 없는 상황이 있을 수 있습니다. 그때 회사는 근거와 기준을 가지고 해고를 해야 합니다. 그에 대한 근거는 근로기준법 제24조에 명시되어 있습니다.

근로기준법 제24조(경영상 이유에 의한 해고의 제한)
① 사용자가 경영상 이유에 의하여 근로자를 해고하려면 긴박한 경영상의 필요가 있어야 한다. 이 경우 경영 악화를 방지하기 위한 사업의 양도·인수·합병은 긴박한 경영상의 필요가 있는 것으로 본다.
② 제1항의 경우에 사용자는 해고를 피하기 위한 노력을 다하여야 하며, 합

리적이고 공정한 해고의 기준을 정하고 이에 따라 그 대상자를 선정하여야 한다. 이 경우 남녀의 성을 이유로 차별하여서는 아니 된다.

③ 사용자는 제2항에 따른 해고를 피하기 위한 방법과 해고의 기준 등에 관하여 그 사업 또는 사업장에 근로자의 과반수로 조직된 노동조합이 있는 경우에는 그 노동조합(근로자의 과반수로 조직된 노동조합이 없는 경우에는 근로자의 과반수를 대표하는 자를 말한다. 이하 "근로자대표"라 한다)에 해고를 하려는 날의 50일 전까지 통보하고 실하게 협의하여야 한다.

④ 사용자는 제1항에 따라 대통령령으로 정하는 일정한 규모 이상의 인원을 해고하려면 대통령령으로 정하는 바에 따라 고용노동부장관에게 신고하여야 한다.

⑤ 사용자가 제1항부터 제3항까지의 규정에 따른 요건을 갖추어 근로자를 해고한 경우에는 제23조제1항에 따른 정당한 이유가 있는 해고를 한 것으로 본다.

근로자의 책임과 무관한 회사 내 경영상의 필요성에 의하여 이루어지는 정리해고는 회사 직원들을 한 번에 많이 내보낼 수밖에 없기 때문에 징계 해고보다 엄격한 해고 기준이 적용됩니다. 그 기준은 아래와 같으며, 네 가지 모두 지켜져야 합니다.

① 긴박한 경영상의 필요성
② 해고회피노력
③ 합리적이고 공정한 해고대상자의 선정
④ 근로자대표와의 사전협의

① 긴박한 경영상의 필요성

근로기준법에서 말하는 긴박함이라 함은 회사 내에서 정리해고가 이루어질 시점에만 판단하는 것이 아닙니다. 회사에서 일정 수의 근로자를 해고하지 않을 경우 사업을 계속할 수 없거나 재정이 곤란한 경우만이 아니라 장래에 올 수도 있는 위기, 즉 미리 회사의 곤란함을 위한 대처로서의 정리해고도 회사로써는 매우 다급한 상황이라고 판단합니다. (대법원 1991. 12. 10. 선고 91다8647 판결)

② 해고회피노력

해고회피노력이란 회사가 정리해고의 범위를 최소화하기 위하여 취하는 가능한의 모든 조치(경영방침이나 작업방식의 합리화, 신규채용의 금지, 일시휴직·휴업 및 희망퇴직의 활용, 전근 등)를 말합니다. 이는 일정한 기준으로 판단할 수는 없고, 사업의 성격이나 규모, 경영상 필요성의 정도, 직급별 인원상황 등을 고려하여 구체적·개별적으로 판단합니다.

③ 합리적이고 공정한 해고대상자의 선정

확정적이고 고정적인 기준이 아니라 회사의 구체적이고 개별적인 상황을 고려하여 판단합니다. 근로자의 이익을 보호할 수 있는 요소와 사용자(회사)의 이익을 보호할 수 있는 요소 중에 어느 것을 고려할 것인지가 문제되는데 이는 일률적으로 결정할 수 없고, 정리해고의 동기·목적·규모, 그 밖의 구체적인 사정에 따라 개별적으로 판단해야 합니다.

합리적이고 공정한 대상자 선정의 기준은 사용자가 직면한 경영위기의 강도와 정리해고를 실시해야 하는 경영상의 이유 등에 따라 달라지는 것인데, 사용자가 해고의 기준에 관해 노동조합 또는 근로자대표와 성실하게 협의해 해고의 기준에 관한 합의에 도달한 사정이 있다면 이러한 해고기준은 합리적이고 공정한 기준이라고 인정될 가능성이 높습니다(대법원 2019. 11. 28. 선고2018두44647 판결).

한 가지 더, 근로기준법 제24조 제2항에서는 해고대상자를 선정할 때 남녀의 성을 이유로 차별해서는 안 된다고 명시되어 있음을 알아두어야 합니다.

④ 근로자대표와의 사전협의

정리해고를 위해서는 회사와 근로자와의 협의가 필수적입니다. 다만 많은 근로자와 회사가 함께 협의하기는 어려우니 회사는 근로자 과반수가 가입된 노동조합이 있다면 노동조합, 아니면 근로자 과반수의 동의를 받아 선정된 근로자대표와 협의해야 합니다. 회사는 근로자대표와 해고를 회피하기 위한 방법 및 기준을 해고하고자 하는 날의 50일 전까지 통보하여 성실하게 협의하여야 합니다.

대법원 판례에서는 근로자 과반수 대표로서 자격을 명확히 갖추지 못했더라도 실질적으로 근로자 의사를 반영할 수 있는 대표자라 볼 수 있는 사정이 있다면 절차적 요건을 충족했다고 판결해 성실한 협의라는 요건을 다른 요건보다는 더 유연하게 해석·적용하고 있습니다(대법원2003. 11. 13. 선고2003두4119 판결 등 참조).

해고 대상 근로자의 선정 기준이 단체협약이나 취업규칙에 정해져 있는 경우에는 그 기준이 헌법이나 법령에 위반되지 않는 한 이에 따르면 됩니다. 그러나 단체협약이나 취업규칙, 또는 노사협의에 의한 해고 대상자 선정 기준이 없는 경우에는 노사 양측의 사정을 모두 반영하되, 특히 근로자 측의 사정을 고려해 상대적으로 사회적 약자로서 더욱 보호받아야 할 근로자 순으로 해고대상자에서 제외하는 방법으로 선정할 필요가 있습니다.

해고 대상자를 선정함에 있어 합리성과 공정성에 문제될 수 있는 기준이 있습니다.

1) 연령 및 근속기간

대개 정리해고 대상자를 선정함에 있어 연령 및 근속기간을 구체적인 기준으로 삼는 기업이 많이 있습니다. 나이가 많고 근속기간이 오래된 직원을 해고 대상자로 선정하는 것이 공정한지에 대한 논의가 많이 있습니다. 우리나라에 「고용 상 연령차별금지 및 고령자고용촉진에 관한 법률」
이 있다는 것을 감안하면 연령 및 근속기간의 기준만으로 합리성이 있다
고 볼 수 없습니다.

2) 성별

근로기준법 제24조 제2항에서는 해고기준을 정할 때 남녀의 성을 이유
로 차별해서는 안 된다고 규정하고 있습니다. 사내 부부사원이 재직하고
있는 경우, 아내가 정리해고 대상자로 선정되는 경우가 종종 있습니다.
이는 공정한 선정기준으로 보기 어려울 것입니다.

3) 인사고과

정리해고 기준에서 가장 객관적으로 생각되는 기준이 인사고과라 생각
하는 기업들이 많이 있습니다. 하지만 이는 평가자의 주관이 개입될 수
있기 때문에 인사평가의 기준은 (특히 인사고과가 그렇지만) 반드시 객관성이
있다고 할 수 없습니다. 또 평가 대상자 사이에 공정한 비교를 할 수 없
는 경우도 있을 수 있다는 측면에서 인사평가(인사고과)만을 그 기준으로
삼는 것은 합리성 및 공정성에 반할 여지가 있습니다.

회사는 정리해고 대상자 선정 시 합리성과 공정성에 문제될 수 있는 기
준을 제외하고 근로자의 생활 보호적 측면, 즉 연령, 가족관계, 부양가족
수, 근속연수, 다른 가족의 소득 및 재산관계, 재취업·건강상태를 고려하
고, 사용자(회사) 측 요인인 근무성적, 근로능력, 경험, 기능, 자격, 자질,
상벌 관계, 경력, 기능 숙련도 등을 객관적으로 판단할 수 있는 기준을 마
련하여야 할 것입니다. 그래야 회사는 부당해고 구제신청 등의 송사에 휘
말리지 않을 수 있고, 이 결과를 전해야 하는 팀장도 선정 이유에 대하여
깔끔히 설명하여 서로가 해당 결정을 받아들일 수 있기 때문입니다.

CHAPTER 18

VS

이렇게 나가는 건 아니지.
이렇게 나갈 수밖에 없었어요.

중견기업 우리산업(주) 영업2부에 근무하는 입사 15년차 장 팀장은 직원들의 조기퇴직으로 고민이다.

장 팀장: 아~ 큰일이네. 지난주에 영업1부 최 팀장 밑에 있는 직원이 그만뒀다네? 가뜩이나 위에서 영업실적 형편없다고 그러는데 일할 만한 직원들은 자꾸 퇴사하고 남은 사람들은 다들 힘들겠어.

박 차장: 그러게 말입니다. 요즘 청년들은 취업하기 어렵다고 난리라는데 우리 영업부 직원들은 왜 그런지 모르겠어요? 최소 3~4년은 트레이닝해 봐야 실적을 좀 낼 수 있는데 너무 일찍 그만두는 것 같아요.

장 팀장: 우리 팀은 팀원이 3명 밖에 없는데... 박 차장! 고생 많이 하는 거 아는데 후배 직원들 잘 좀 챙겨줘. 혹시 이상한 낌새가 있으면 빨리 알려주고..

박 차장: 네. 팀장님...

그런데 드디어 올 것이 오고 말았다. 스펙은 좀 부족하지만 성품도 좋고 어려운 계약도 곧잘 성공해 와서 차세대 에이스로 기대하고 있는 김 대리가 퇴사를 선언했다.

장 팀장: 아니 김 대리! 이게 무슨 일이야? 퇴사라니.

김 대리: 정말 죄송합니다 팀장님. 그렇게 됐습니다.

장 팀장: 가뜩이나 우리 팀 사정이 어려운 건 김 대리도 잘 알텐데 이렇게 갑자기 그만두면 어떻게 하니!!

김 대리: ......

장 팀장: 휴~ 그래 김 대리도 나름대로 사정이 있겠지. 그럼 뭐 때문에 그러는지 이유라도 속 시원하게 말해줄 수 없어?

김대리: 죄송합니다.

이제 김 대리가 퇴사하고 나면 팀원은 2명 밖에 남지 않는다. 이제 들어온 지 1년도 안된 이 주임은 지금 일을 가르치고 있는 형편이니 사실상 박 차장과 남은 목표(50%)를 달성해야 하는데 인수인계도 하지 않고 나가버려 생각만 해도 머리가 지끈거린다.

'어떻게 하면 직원의 퇴직을 막을 수 있을까요?'

많은 팀장님들이 물어오는 고민입니다. 물론 일반적인 대답을 해드릴 수도 있습니다. 직원에게 동기를 부여하고, 직무 만족감을 주고, 팀 분위기를 좋게 하는 등의 일반적인 대답처럼 말입니다. 그렇지만 팀별로 너무나 다양한 상황이 있어서 보통은 답변을 드리기 애매할 때가 많습니다. 상황에 따라 대응방법은 정말 무한대에 가깝기 때문입니다. 그래서, 퇴직에 대한 이슈에 대해서는 조금 더 시각을 달리 해보는 것을 말씀드리고는 합니다.

퇴직을 막는 방법도 중요하지만, 어쩔 수 없는 퇴직도 분명히 존재하기 때문에 그럴 때 어떻게 할지를 고민하는 시각이 필요하다는 것입니다. 즉, '어떻게 하면 직원의 퇴직을 막을 수 있을지도 중요하지만, 퇴직이 발생했을 때 팀장으로서 관리를 어떻게 할지를 알아야 한다.'는 관점입니다. 이번 사례에서는 퇴직 후 중요한 사항인, "업무분장"과 "퇴직 후 대책마련"에 대해서 알아보도록 하겠습니다.

참고로, 퇴직을 막기 위한 동기부여나 팀 분위기에 대한 부분은 1부(1장, 2장)의 내용을 참고하시면 좋을 것 같습니다.

1. 업무분장은 완벽할 수 있을까?

'저는 이렇게 힘들어 죽겠는데, 왜 김 대리는 매일 칼퇴근 하나요?'

경험상 여럿이 모이면 '누가 일이 많다/적다, 누구는 좋은 일만 맡아서 한다/안 한다' 등 다양한 말들이 오가곤 합니다. 이렇게 누군가 퇴직을 선언하고 나면 프리라이더가 더 부각되기도 합니다. '이 기회에서 너가 조금 더 맡아라!, 지금까지 놀았으니 해라!' 이렇게 생각하는 경우도 종종 생기기 마련입니다. 업무를 조정하는 일은 정말 쉽지 않습니다. 많은 갈등이 일어나기도 합니다. 그렇다면 먼저 왜 업무분장이 어려운 일인지 생각해 보도록 하겠습니다.

첫째, 역량이 제각각입니다. 업무 분장을 명확하고 공평하게 하더라도 개인의 역량이 다르기 때문에 각기 받아들이는 부분이 다를 수 있습니다. 똑같은 5만큼의 일을 주더라도 누구는 2로 느낄 수 있고, 누군가는 8로 느낄 수도 있기 때문입니다.

둘째, 누가 어떤 업무를 하는지 서로 잘 알지 못합니다. 물론, 우리는 주간회의도 하고 매번 서로 공유를 합니다. 하지만, 그 일이 구체적으로 어떻게 진행되고 얼마나 진행되고 있는지 서로 명확하게 알지 못하기 때문입니다.

셋째, 파악하지 못하는 갑작스런 업무들이 꽤 많다는 것입니다. 수명업무라고도 불리는데 회사 일을 하다보면 갑작스럽게 터지는 수명업무들이 생겨나고, 그런 일들은 대부분 업무 능력이 뛰어난 사람들에게 맡겨지다 보니 업무의 불균형들이 일어나기도 합니다.

위에 언급한 네 가지 이외에도 '조직 문화적인 측면', '개인주의 측면', '편 가르기', '개인적 관계 문제' 등 다양한 원인들이 있습니다. 이런 다양한 원인이 있는 만큼 사실 업무분장을 100% 완벽하게 하기란 어려운 것이 현실입니다.

'업무분장의 문제는 어디서나 나타난다.'

이 부분을 인지하는 것이 팀장님들이 업무분장에 대해 알아두어야 할 가장 중요한 첫 번째입니다. 즉, 누구나 어렵다는 것이죠. 비단 이 글을 읽고 계시는 팀장님들에게만 해당되는 부분이 아닙니다. 대부분의 조직에서 일어나는 일이고, 만약 업무 분장의 최적의 대안이 있다면 지금까지 우리는 업무분장으로 이렇게 고생할 필요가 없었다고 말씀드리고 싶습니다.

'이 일을 제가 왜 해야 하죠?', '다른 업무도 바쁜데요?'

팀장님들은 참 바쁩니다. 알아서 서로의 일을 나누고, 알아서 일이 착착 진행되면 얼마나 좋을까요? 하지만, 현실은 그렇지 않습니다. 팀원들의 역할/강점을 정확히 파악하지 못한 채 업무만 할당할 때도 많습니다. 그래서, 업무분장 회의를 하고 업무분장에 중요한 요소들을 하나씩 체크하면서 수행하라고 말씀드리기도 어렵습니다. 그리고, 앞서 언급했다시피 완벽한 업무분장을 하는 것은 너무 이상적일 수 있는 상황입니다.

하지만, 완벽한 업무분장은 없더라도 그래도 팀장이라면 조금이라도 리스크를 줄이는 업무분장의 방법을 알아둘 필요는 있지 않을까요?

2. 업무분장의 방법

누군가 퇴직하거나 혹은 신입/경력사원이 들어왔을 때 가장 중요한 부분은 업무분장 회의를 시작하는 것입니다. 업무분장 회의에서 어떤 요소들을 챙겨야 하는지 회의 순서를 만들어 두었으니 하나씩 챙겨서 진행해 보시기 바랍니다. 물론, 완벽한 순서는 없으니 꼭 팀에 맞게 운영되어야 한다는 점은 기억해 주시기 바랍니다.

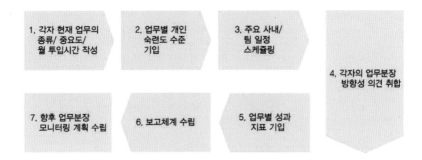

· 업무분장 Process ·

1. 각자 현재 업무의 종류/ 중요도/ 월 투입시간 작성
2. 업무별 개인 숙련도 수준 기입
3. 주요 사내/ 팀 일정 스케줄링
4. 각자의 업무분장 방향성 의견 취합
7. 향후 업무분장 모니터링 계획 수립
6. 보고체계 수립
5. 업무별 성과 지표 기입

Process 1. 각자 현재 업무의 종류/중요도/월 투입시간 작성

직장에서 업무는 크게 네 가지 정도로 나뉠 수 있습니다. 아래 업무를 큰 요소로 두고 업무를 하나씩 적어 내려가면 좋습니다.

- 루틴성 업무: 자신에게 주어진 기본적인 주기적인 처리 업무
- 스팟성 업무: 비정례적인 갑작스러운 업무(수명업무, 갑자기 시키는 업무)
- 도전성 업무: 하지 않아도 문제가 되지는 않지만 장기적으로 도움이 되는 업무
- 코웍 업무: 타인/타팀을 서포트/코웍하는 업무

여기 네 가지 업무 중에 예측/관리하기 어려운 부분이 무엇일까요? 바로 스팟성 업무(수명업무)입니다. 이런 조사를 하다보면 은근히 어떤 특정 팀원에게 스팟성 업무가 몰리게 되는데 이런 업무가 중요도가 높기 마련입니다. 그래서 이 스팟성 업무가 어느 정도이고, 누구에게 배분될 것인지를 잘 생각하고 분배해야 한다는 부분을 알아두시면 좋습니다.

또한, 각 업무별 중요도와 투입시간을 XY축으로 두고 보시면, 어떤 업무

에 시간이 많이 소요되는지 알 수 있습니다. 이런 자료를 통해 덜 중요한 업무에 너무 많은 시간이 투입되고 있는지, 제거해야 할 일과 개선해야 할 일을 구분하고 이것을 성과 목표에 포함시키는 것을 고려해 주시면 좋습니다.

투입 시간	많음	제거/개선 해야 하는 업무	제거/개선 해야 하는 업무	—
	보통	제거/개선 해야 하는 업무	—	미래를 위해 투자해야 하는 업무
	적음	—	미래를 위해 투자해야 하는 업무	미래를 위해 투자해야 하는 업무
		중요치 않음	보통	중요함

중요도

Process 2. 업무별 개인 숙련도 수준 기입

개인의 역량은 모두 다릅니다. 누군가는 숙련이 되어있기 때문에 빨리 처리할 수 있고, 그 업무를 처음 맡는 사람은 오래 걸리기 마련입니다. 그렇기 때문에 단순한 중요도/월 투입시간만 보는 것이 아닌 개인별 숙련도를 기입하게 하여 향후 어떻게 숙련도가 달라지는지, 달라지는 숙련도에 따라 걸리는 시간은 얼마나 짧아지는지를 모니터링하는 것이 좋습니다. 이렇게 하면, 개인의 성장을 관찰할 수 있기 때문에 팀원들이 성장하는 방향/요소들을 체크할 수 있다는 강점이 있습니다.

Process 3~4. 사내/팀 일정 스케줄링, 각자의 업무분장 방향성 의견 취합

신제품 런칭이나, 회사의 중요한 행사 등 다양한 사내/팀의 일정이 업무분장 시 변수로 작용할 수 있기 때문에 미리 체크해두시면 좋습니다. 또한, 업무분장 시 각자의 방향성에 대한 의견을 취합하게 되면, 각자가 가지고 있던 평소의 업무에 대한 생각이나 니즈들을 파악할 수 있습니다. 그렇기 때문에 쉽지 않더라도 각자 의견을 이야기 할 수 있는 시간을 꼭 마련해 주시기 바랍니다.

Process 5~6. 업무별 성과 지표 기입, 보고체계 수립

조직 내 월급루팡, 프리라이더가 생기는 요인은 다양한 부분이 있지만, 가장 중요한 포인트는 책임이 분산되어 있기 때문일 수 있습니다. 책임이 분산되면, 핑계를 대고 그 책임을 다른 사람에게 전가시킬 수도 있습니다. 그렇기 때문에 업무별로 조금 더 명확한 성과 지표를 기입하고 어떻게 체크할지를 협의하는 것은 중요합니다. 물론, 모든 업무를 성과지표에 넣고, 평가하는 것은 현실적으로 어렵습니다. 성과측정에 대한 정확성도 이슈가 되곤 합니다. 하지만, 최소한의 프리라이더를 없애기 위한 장치는 필요하지 않을까요?

Process 7. 향후 업무분장 모니터링 계획 수립

직원은 성장합니다. 사람마다 성장의 속도는 다르겠지만, 조금씩이라도 변화하기 마련입니다. 처음에는 기존 일을 똑같이 하는 것이 중요할 수 있습니다. 하지만, 성장하게 되면 기존 일을 똑같이 반복하는 것보다 어떻게 개선할지를 생각하는 것이 진짜 제대로 일을 하는 방식이라고 생각합니다. 그렇기 때문에 이러한 모니터링 계획이 중요합니다. 조금 더 도전적인 업무를 하기 위한 방안은 없는지? 업무분장이 잘 되었는지? 업무의 속도는 얼마나 빨라졌는지? 등을 서로 논의하기 위해 꼭 업무분장 계획 모니터링 계획을 잘 수립해주시기 바랍니다.

3. 인사부 공식채널을 통해 인원충원, 직원면담 등 근본적인 대책
   마련을 요청하라!

직원의 퇴사 '경력 1년미만' 가장 많아

※ 국내기업 인사담당자 275명 조사 / 자료제공: 잡코리아

Q. 회사에서 퇴사자가 가장 많이 발생하는 연차는?

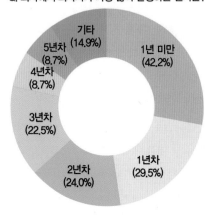

출처: 잡코리아x알바몬 취업뉴스 2020.4.14.

위에서 볼 수 있듯이 2020년 잡코리아&알바몬 설문자료에 보면 직원
퇴사 중 42.2%가 1년 미만의 직원들이 가장 많고, 뒤이어 1년차가 29.5%,
2년차가 24.0%로 많습니다.

이렇듯 직원들의 빈번한 퇴직은 그만두는 사람들의 개인적인 문제가
아니라 조직내부에 잠재되어 있는 다양한 문제들이 조기퇴직으로 나타난
것일 수 있습니다. 먼저 근무환경 및 조직문화 진단 등 참고할만한 다양
한 조사들을 해볼 필요가 있습니다. Hardware, Software, Humanware 등
의 조사결과를 바탕으로 기존 인사 및 복지제도 등을 개선함으로써 문제
의 본질에 좀 더 다가갈 수 있습니다.

Hardware	Software	Humanware
근무환경 (사무실, 휴게공간, 탕비실, 회의실 등)	각종 제도 (복지제도, 근태시스템, 업무 그라운드룰, 회의문화, 보고체계, 성과관리 등)	사람 문제 (커뮤니케이션, 코칭, 피드백 문화, 갈등관리 등)

앞선 사례만을 놓고 볼 때 요구되는 수행업무 수준보다 과도한 고스펙 직원들이 채용되는 경향이 있거나, 승진과 보직배치에서 이들이 보여준 업무성과보다 더 크게 우대받는 것이 문제일 수 있습니다. 업무를 수행함에는 전혀 부족함이 없는 능력을 갖고 있지만 상대적으로 스펙이 부족한 직원들은 자신이 보상측면에서 불이익을 받았다고 생각할 수 있습니다. 직원채용과 인사제도, 공정한 성과평가 전반에 대한 개선 검토가 필요할 것으로 보입니다.

글로벌 동영상 스트리밍 서비스 기업 '넷플릭스'에는 퇴사하는 직원이 남은 직원들에게 보내는 '부검메일(postmortem email)'이란 독특한 퇴직문화가 있습니다. 이 메일에는 퇴직하는 이유, 회사에서 배운 것, 회사에 아쉬운 점, 앞으로의 계획, 직원을 보내는 넷플릭스의 송별메세지 등이 담깁니다. 퇴직하는 사람이나 남는 사람에게 퇴직이유를 말하는 것은 불편하겠지만 넷플릭스 내부 직원들 76%가 이 제도를 앞으로도 지속해야 한다고 했습니다.

1. 내용 구성

1 왜 떠나는지   : 다른 직원들이 이해할 수 있는
이유가 있어야 한다.

2 회사에서 배운 것   : 새로 배운 것, 경험한 것.

3 회사에 아쉬운 점   : '넷플릭스가 이랬다면
떠나지 않았을 것'을 전제로 쓴다.

4 앞으로의 계획   : 어느 직장에서 어떤 업무를 할지.

5 넷플릭스의 메시지 : 직원을 떠나보내는
넷플릭스의 입장.

2. 작성 원칙

1) 회사를 떠나는 이유

'넷플릭스의 10가지 가치'에 근거해 이유를 찾고 이에 기반해서 작성해야 합니다.

결정 Judgement	소통 Communication	호기심 Curiosity	용기 Courage	열정 Passion
이타심 Selflessness	혁신 Innovation	포용력 Inclusion	정직 Integrity	임팩트 Impact

2) 퇴사하는 직원이 원치 않는 내용은 넣지 않습니다.

3) 회사는 퇴사하는 직원에 감사함을 전한다.

그동안 회사와 함께 했던 사람에게 존중과 감사의 뜻을 보내는 것은 기본적인 예의입니다.

남은 직원들에게도 회사의 이러한 태도는 긍정적인 직원경험의 메시지가 될 수 있습니다.

3. 메일 수신자

- 모든 구성원이 부검 메일을 받지 않습니다.
- 퇴사하는 직원과 같은 부서에서 일한 직원 & 과거 함께 근무한 직원들에게만 발송합니다.
- 중역급 퇴사 시 별도 부검 모임을 열기도 합니다.

부검 메일의 효과

1. 직원들에 대한 회사의 투명성 향상

언제든 해고할 수 있는 환경에서 공개적인 부검 메일은 회사 내 쓸데없는 소문과 직원들의 불안감을 줄일 수 있습니다.

2. 조직 운영에 도움

- 부검 메일을 통해 퇴사 사유를 정확하게 파악하고 공유하는 것이 목적입니다.
- 회사의 규모가 커지면 입퇴사에 대한 정보를 파악하기 어렵습니다. 따라서 이를 파악할 수 있는 부검메일은 조직의 안정감을 향상시켜 줍니다.

3. 위기 예방

- 조직 내 문제가 있는 사항을 사전 파악 및 문제를 수정할 수 있습니다. 항상 조직은 문제가 발생하기 전 예방하는 것이 더 중요한 포인트입니다.

---

4. 퇴사하려는 직원을 붙잡을 수 있음

- 부검 메일을 쓰다 퇴사 결정을 번복하기도 합니다.
- 부검 메일을 통해 상사와의 오해가 풀리기도 하고 회사와 합의점을 찾기도 합니다.
- 부검 메일에 적힌 회사의 감사 인사를 보고 번복하는 사례도 있습니다.
- 퇴사가 확정되더라도 회사와 좋은 관계를 유지할 수 있습니다.

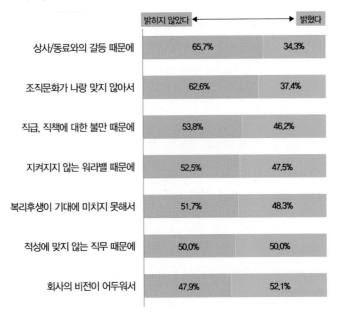

차마 밝힐 수 없었던 퇴사 사유 TOP7

※ 퇴사경험 있는 직장인 2,288명 설문 결과, 자료제공: 잡코리아X알바몬

	밝히지 않았다 ← → 밝혔다	
상사/동료와의 갈등 때문에	65.7%	34.3%
조직문화가 나랑 맞지 않아서	62.6%	37.4%
직급, 직책에 대한 불만 때문에	53.8%	46.2%
지켜지지 않는 워라밸 때문에	52.5%	47.5%
복리후생이 기대에 미치지 못해서	51.7%	48.3%
적성에 맞지 않는 직무 때문에	50.0%	50.0%
회사의 비전이 어두워서	47.9%	52.1%

잡코리아와 알바몬의 설문자료 중 '차마 밝힐 수 없었던 퇴사사유 TOP 7'에 보면 가장 높은 비율을 보이고 있는 것이 상사/동료와의 갈등, 두 번째는 조직문화가 나랑 맞지 않아서, 세 번째 직급, 직책에 대한 불만 때문에 등과 같이 나왔으며, 이를 보더라도 퇴사하는 것만이 문제가 아니라 퇴사 후에도 우리 팀과 조직이 어떠한 관점으로 임해야 하는가에 대한 직원경험(Employee experience) 관리도 중요하다는 것을 알 수 있습니다. 부정적 직원경험에 해당하는 퇴사를 잘 활용한다면 우리 팀의 더 나은 미래를 준비할 수 있을 것입니다.

인수인계서

별첨의 내용과 같이

업무내용을 인수인계 하며 이에 대한 책임을 지겠습니다.

별첨
- —
- —
- —
- —
- —
- —

인수인계일자: 20   년   월   일

인계자: _____(서명)   인수자: _____(서명)

상용업무내용		
담당업무	업무내용	처리방법

※ 업무량에 따라 여러 장에 걸쳐 서술하시기 바랍니다.

현재 진행(추진) 중인 업무		
담당업무	업무내용	처리방법

※ 업무량에 따라 여러 장에 걸쳐 서술하시기 바랍니다.

향후 추진 예정 업무		
담당업무	업무내용	처리방법

※ 업무량에 따라 여러 장에 걸쳐 서술하시기 바랍니다.

기타업무		
담당업무	업무내용	처리방법

※ 업무량에 따라 여러 장에 걸쳐 서술하시기 바랍니다.

거래처 관련 사항

거래처명	직위	성명	전화번호	핸드폰번호	업무내역	비고

※ 업무량에 따라 여러 장에 걸쳐 서술하시기 바랍니다.

226

지급품목 반납현황

지급품명	지급수량	반납수량	반납일자	사용부문	비고

※ 업무량에 따라 여러 장에 걸쳐 서술하시기 바랍니다.

227

비밀유지서약서

하기 서명인(이하 "갑"이라 한다)은 20 . . . 주식회사 (이하 "회사"라 한다)와 고용계약을 체결하였고 회사의 업무에 착수하였는바, 20 . . . 회사를 퇴직하면서 다음과 같이 확약한다.

갑은 회사의 기밀정보를 허가 받은 업무의 범위 내에서만 사용하였고, 퇴직 후에도 허가 받지 아니한 사용 및 외부로의 공개로부터 이를 보호할 필요성을 인정한다.

이에 갑은 아래와 같이 회사의 기밀정보의 보호에 관하여 다음의 사항에 대하여 동의한다.

1. 본 서약서는 갑이 회사의 업무수행 중 지득하게 되거나 회사로부터 제공받은 어떠한 기밀적이고 독점적인 정보에 적용된다. 이 정보는 그 정보의 존재형태와 무관하게, 회사의 제품과 서비스, 마케팅정보 또는 고객정보의 기능, 디자인, 특징, 도구 기타 특성들에 관한 어떠한 정보, 공개당사자의 재무정보, 사업 계획, 사업비밀을 (이에 제한되지 아니하고) 포함한다. (이하 "기밀정보"라 한다)

2. 갑은 이하의 내용에 동의한다.
 I) 회사의 기밀정보를 철저한 기밀상태로 유지하며, 회사의 비밀유지계획서에 의거하여 정해진 절차를 따라 기밀정보를 사용하기로 한다.

ii) 제3자에게 기밀정보를 공개하지 아니한다. (다만, 회사가 사전에 서면으로 승인한 경우는 이를 제외한다)

3. 기밀정보는 아래의 내용을 포함하지 아니한다.
 i) 갑의 어떠한 행위 없이, 공공에게 일반적으로 알려지거나 알려질 정보
 ii) 회사로부터 사전 서면 승낙에 의해 공개된 정보

4. 갑은 회사를 퇴사하게 됨에 따라 회사의 요구에 따라 모든 유형의 회사의 비밀정보가 포함된 수령물과 그 사본을 반환하고, 갑에 의해 작성된 무형물 및 요약물을 삭제하고, 본 규정(4조)을 충족하였음을 인증(보증)한다.

5. 갑은 본 계약에 포함된 어떠한 내용도 (i) 회사가 갑에게 본 계약에서 특정된 것을 제외한 어떠한 비밀 정보에 대하여도 라이센스나 기타 방식에 의한 권리를 부여하거나 (ii) 회사와의 잠재적인 사업관계에 관한 어떠한 제안으로도 인정되지 아니함을 인정하며, 이에 동의한다.

6. 본 계약은 대한민국의 법률에 따라 해석, 적용된다. 본 계약은 본 계약의 주요 내용에 대하여 완전하고 배타적인 내용을 구성하며 본 계약의 내용에 관한 당사자간의 서면 또는 구두로 된 어떠한 계약이나 의향서 기타 합의보다 우선한다.

7. 여기에서의 또는 적용법규 하에서 인정되는 공개당사자의 모든 구제수단에 부가하여, 회사는 현존하는 그리고 예상되는 본 계약의 위반을 정지, 예방할 목적으로 비배타적 관할의 법원으로부터 가처분을 구할 수 있으며, 이러한 권리는 위반으로 인한 손해를 회복하기 위한 회사

의 부가적인 권리를 배제하지 아니한다. 법령에 따른 어떠한 조치가 본 계약의 내용을 해석, 집행하기 위해 필요하다면, 회사는 그 구제조 치에 부가하여 합리적인 범위 내에서의 변호사 비용, 기타 필요한 지 출 비용을 상환 받을 권리를 보유한다.

8. 본 계약의 내용 및 조건은 당사자의 지위를 승계한 경우에도 그 승계 인의 이익을 위한 것이며, 동시에 그 승계인을 구속한다.

9. 갑은 퇴직 후 1년 이내에는 동 기밀을 사용하거나 사용하려고 하는 동 종의 조직에서 근무하지 않고, 이를 위반하는 경우 3천만원의 손해배 상책임을 진다.

이에 갑은 본 계약의 내용을 숙지하고 아래와 같이 서명하고 원본을 회사 에 보관시키기로 한다.

20 년   월   일

부서 :

직위 :

성명 : _____(서명)

"오케스트라 지휘자는 정작 아무 소리도 내지 않습니다. 지휘자는 얼마나 다른 이들에게 소리를 잘 내게 하는가에 따라 능력을 평가받습니다. 다른 이들 속에 잠자고 있는 가능성을 깨워서 꽃피게 해주는 것이 바로 리더십이 아닐까요?"

— 보스턴 필 하모닉, 지휘자 벤 젠더 —

팀장님들은 어쩌면 이런 오케스트라 단원의 지휘가가 아닐까 생각합니다. 자신의 역량도 중요하지만, 팀원들의 성과를 내주게 하는 역할. 생각해보면 어려운 것이 당연합니다. 내 생각을 바꾸거나 나의 의지를 높이거나 내가 배워서 일을 잘하는 것조차 어려운 일인데, 하다못해 남들을 이끌어야 하니까 말입니다.

"노고가 많으십니다."

책을 집필하며 가장 많이 들었던 생각입니다.

재직시절 팀장을 하며 많은 어려움을 겪었습니다. 팀원 시절 팀장님을 보며, '내가 팀장이라면 더 잘할 것 같은데….'라는 생각이 있었습니다. 팀장이 되면 정말 좋은 팀을 만들 수 있겠다고 생각했습니다. 하지만 막상 팀장이 되고 나니 생각처럼 되는 것이 많이 없었습니다. 다행히도 큰 문제들은 없었지만 작은 문제들은 언제 터질지 모르는 폭탄처럼 느껴졌습니다. 그렇기에 대한민국의 많은 팀장님께 노고가 많으시다는 말씀을 드리고 싶었습니다.

4명의 저자는 팀장님들의 어려움을 느끼고 있었습니다. 그랬기에 지극

히도 현실적인 진짜 도움이 되는 책을 써보는 것이 목표였습니다. 물론 많은 팀의 상황이 다르고 환경도 다르기 때문에 쉬운 일은 아니었습니다. 또한 이 책에서 팀장님들에게 필요한 모든 내용을 다루기도 어려웠습니다. 하지만 조금 더 팀장님들께 도움이 되고자 저자들은 내용을 고민하고 한 글자씩 써내려 갔습니다.

팀장이 된 여러분들은 역량을 인정받았고, 성과를 냈고, 전문가가 되었습니다. 아마도 업무적인 역량을 인정받아 팀장이 되었을 가능성이 높습니다.

하지만 어찌 보면, '팀장'은 다시 시작해야 하는 새로운 출발선상에 있는 것이라고 말씀드리고 싶습니다. 계속 노력해야 하는 위치라고 생각합니다. 매일 운동을 하며 근육을 키우듯 '팀장의 근육'들을 키워야 하는 것입니다.

팀장이 된다는 것은 그런 의미입니다.

많은 팀장님들이 새로운 출발선에서 잘 출발할 수 있도록. 팀장님들이 조금이나마 덜 힘들어하고, 더 단단한 분들이 되길 기대합니다.

다시 한번, 진짜 팀장이 되기 위한 한걸음에 이 책이 도움이 되었으면 합니다.

2022년 6월
크레이티브컨설팅 유재호 대표

참고문헌

[참고서적]

1. 쇼터 하루 4시간만 일하는 시대가 온다 (알렉스 수정 김 방, 더퀘스트, 2020.08.08)
2. 몰입의 즐거움 (미하이 칙센트미하이, 해냄출판사, 2010.03.05.)
3. 마틴 셀리그만의 긍정심리학 (마틴 셀리그만, 물푸레, 2014.04.03.)
4. 드라이브 (다니엘 핑크, 청림출판, 2011.10.17.)
5. 최고의 리더는 사람에 집중한다 (수전파울러, 가나출판사, 2015.10.05.)
6. Primal Leadership (다니엘 콜먼, 하바드비즈니스스쿨, 2004.04.01.)

[주석 및 기사, 도표]

1. (p. 15) 직장인·알바생 54.9% "일 안 하는 프리라이더 있다" (파이낸셜뉴스, 2019.11.2.)
2. (p. 65) 휴넷 설문조사 – 직장인 절반 팀장 리더십에 불만… 팀장 60%도 "퇴사 고려" (ZDNet Korea 중기/벤처 2020.03.13.)
3. (p.71) Preparing to Manage Human Resources(Coursera), Primal Leadership(Richard Boyatzis, Annie McKe, Goleman, 2002)
4. (p. 80) 최고의 리더는 사람에 집중한다. 구글과 애플을 변화시킨 세계적인 리더십 전문가가 밝히는 비밀(저자 수전파울러, 가나출판사, 2015.10.5.)
5. (p. 82) "회사 대화방서 정치토론 하지마" vs "충격적 사건땐 감정 나눌 공간 필요" (조선일보, 2021.5.14.)
6. (p. 85) 프랑스, '퇴근 후 업무 지시 문자 금지' 법제화 (http://www.bloter.net/archives/270009)
7. (p. 85) '스마트폰'으로 초과근무 만연… 일주일에 11시간 더 일해 (경향신

문, 2016.6.22.)

8. (p. 85) 말로만 연결되지 않을 권리… 직장인 10명 중 6명 "퇴근 후 업무지시 받아" (뉴스1, 2020.3.16.)

9. (p. 86) "카페서 재택근무 할 수 있나요?"… 고용노동부, '재택근무 매뉴얼' 발표 (동아일보, 2020.9.16.)

10. (p. 90) 직장인 세대차이 체감도·업무 부정적 영향도 – 대한상공회의소.

11. (p. 102) 공공분야 갑질 근절을 위한 가이드라인 – 국무조정실 보도자료 참조 (2019.2.18.)

12. (p. 103) 성남시 '술 없는 최고의 회식' 15개 팀 선정 (머니투데이, 2019.6.11.)

13. (p. 104) 90년대생 직원 평가점수는 '67점'… "솔직하고 적극적인 세대" (파이낸셜 뉴스, 2020.1.20.)

14. (p. 108) 코로나로 달라진 직장인 食문화?… 점심회식 '늘었다' (매일일보/인쿠르트, 2021.4.28.)

15. (p. 117) 시각적 행위: 별표1의 내용에 더하여 시각적 행위의 사례에는 컴퓨터 바탕화면, 카카오톡(개인, 단체, 프로필사진)도 포함될 수 있습니다.

16. (p. 119) 합리적 피해자의 관점 필요: "우리 사회 전체의 일반적이고 평균적인 사람이 아니라 피해자와 같은 처지에 있는 평균적인 사람의 입장에서 성적 굴욕감이나 혐오감을 느낄 수 있는 정도였는지를 기준으로 심리, 판단하여야 한다."고 하였다 (대법원 2018.4.12.선고 2017두74702판결)

17. (p. 121) 서울시 성평등 언어사전(서울앤, 2020.9.24.)

18. (p. 121) 2018 서울시 성평등 언어사전 시즌 1, 2019 서울시 성평등 언어사전 시즌 2, 2020 서울시 성평등 언어사전 시즌 3(서울정보소통광장)

19. (p. 159) 경업금지의 의무: 특별한 지위에 있는 사람이 타인의 영업과 경쟁이 되는 행위를 하지 않아야 할 의무

20. (p. 159) "사용자"란 사업주 또는 사업 경영 담당자, 그 밖에 근로자에 관한 사항에 대하여 사업주를 위하여 행위하는 자를 말한다. (근로기준법 제2조 제1항 2호)
    해당 조항에 따라 강 팀장은 사용자 중 '그 밖에 근로자에 관한 사항에 대하여 사업주를 위하여 행위하는 자'에 해당하여 사용자의 지위를 가진

다. (강 팀장은 근로자이면서 사용자의 지위를 2개 다 가진 자이다.)'

21. (p. 172) 대체인력뱅크: http://matchingbank.career.co.kr/info.asp

22. (p. 173) 아빠 육아휴직 보너스제: 육아휴직 사용 시 처음에는 엄마가, 두 번째는 아빠가 사용하는 경우가 많아 해당 특례의 명칭이 '아빠의 달 특 례'가 되었음.

23. (p. 176) '3+3 부모육아휴직제' 적용 여부(예) – 고용노동부 육아휴직급 여 2022년도 제도개편 설명자료

24. (p. 177) 첫 3개월의 육아휴직급여 지급수준 – 고용노동부 육아휴직급여 2022년도 제도개편 설명자료

25. (p. 178) 고용보험 홈페이지 – https://www.ei.go.kr/ei/eih/cm/hm/main.do (고용보험 홈페이지) > 고용보험제도 > 모성보호안내

⊙ 저자 소개

백신영
HRD아트컨설팅 대표 | <나는 팀장이다(2020)>, <블라인드면접 1:1 코칭(2018)> 저자

'건강한 리더만들기', '인생을 예술로, 교육을 예술로'라는 핵심메세지를 걸고 있는 HRD아트컨설팅을 운영하며 세상 모든 리더의 성장을 돕는 일에 진심인 팀장리더십 전문가입니다. 고려대학교 학·석사를 마치고, 2000년에 시작한 강의와 컨설팅이 사내(농협중앙회 인재개발부 서비스아카데미 창립멤버, ㈜준오뷰티 본사 교육팀장)에서 10년, 기업 밖에서 13년 어느덧 23년차가 됐습니다. HRD업계에서 코칭, 리더십, 커뮤니케이션, 사내강사양성과정, 각종 심리진단 및 행동유형 진단 전문가로 활동하고 있습니다. 2021 월간 인재경영 '기업교육 명강사 30선 선정', 한국강사협회 부회장, 채용면접관, AC/DC 전문위원, 2010년 6월 뉴스메이커 '한국을 이끄는 혁신리더 24인'에 선정, 리더십 전문잡지 CNB저널, JTBC뉴스, EBS, MBC, 한국경제TV 등 전문패널로 출연하는 등 다양한 활동을 하고 있습니다.

유재호
크레이티브컨설팅 대표 | 라이프코칭스쿨 대표 | 경희대학교 미래혁신원 겸임교수

어제보다 나은 사람, 볼수록 좋은 사람, 지난번보다 발전된 사람이 되는 것을 추구합니다. 삼성에서 시작된 경력은 LG상사를 거쳐 GC녹십자까지 이어졌고, 10년 동안 현업에서 다양한 실무를 담당했습니다. 이후 8년간 많은 기업 팀장분들을 대상으로 리더십 강의와 코칭, 조직진단 컨설팅을 진행하고 있습니다. 앞으로도 팀장님들이 더 나은 '리더'로 성장하기 위해 돕고 싶습니다.
기업의 리더 이외에도 청년들의 사회진출과 조직적응에 관심이 많아 서울대, 연세대, 성균관대 등 다양한 대학 현장에서 상담/코칭을 진행하고 있습니다. 현재 경희대 미래혁신원 겸임교수, 라이프코칭스쿨, SK뉴스쿨, 용인시 평생교육 위원을 맡고 있으며 더 나은 세상의 발전을 위해 노력하고 있습니다.

박예희
선율노무법인 서울지사 대표 노무사 | 명지전문대학 겸임교수 | HRD아트컨설팅 법정교육팀 팀장 | <스타트업을 위한 밸류업 경영관리노트(2021)>, <노무사가 알려주는 현장에서 바로 통하는 노무처방전(2021)>, <근로자에게 바로 통하는 노무처방전(2021)> 저자

서울지방고용노동청장 표창장(2016). 노무사로서 만 11년을 채운 2022년, 노무사의 전반적

인 업무를 맡아 활동하고 있습니다. 여성가족부 워킹맘·워킹대디 고충상담위원, 서울특별시교육청 성희롱·성폭력 외부전문위원, 한국수력원자력㈜ 성희롱·성폭력 고충심의위원회 외부위원, 하나은행 성희롱 심의위원회 외부자문위원, 중소기업청 비즈니스지원단 클리닉위원, 한국노총 서울지역본부 노동법률지원센터 자문노무사, 서울시 노동권리 보호관, 서울시 시민명예노동옴부즈만, 서울시 시민인권배심원, 서울지방고용노동청 북부지청/우체국물류지원단 직장 내 괴롭힘 판단 전문위원회 위원, 한국공인노무사회/(사)여성노동법률지원센터 직장 내 괴롭힘상담센터 상담위원, 중앙행정심판위원회 행정심판 국선대리인, 서울지방노동위원회 권리구제 대리인 위촉, 부천시 자체감사 부천산업진흥원 종합감사 외부전문감사관, 여성가족부 성희롱예방을 위한 조직문화개선교육 프로그램 전문강사, 한국양성평등교육진흥원 폭력예방통합교육 전문강사 등 다양한 활동을 하고 있습니다.

이혜승
우리온ON 온라인컨텐츠 제작 책임자 │ HRD아트컨설팅 스피치교육팀 연구원

꼭 필요한 곳에, 꼭 필요한 교육이 이루어지는 것을 모토로 각종 기업 및 공공기관에 커뮤니케이션 및 스피치교육을 하고 있습니다. 경희대학교 언론대학원 전략커뮤니케이션 스피치토론 석사이며, 현재 우리온ON에서 유튜브 및 온라인컨텐츠 프로그램 제작 책임자로 재직중입니다. 북한이탈주민이 남한생활 정착에 필요한 교육방송제작을 하고 있으며, 극동방송 '통일대한민국을 꿈꾸며', '개성상인 일떠서라', '행복한 저녁 즐거운 라디오' MC로, 통일의 소리방송에서 제작, 진행 등 사회공헌을 위한 다양한 활동을 진행하고 있습니다.

회사 다니다 보니 팀장이 되었다–일잘러 팀장의 고군분투 팀장스토리

초판발행	2022년 6월 16일
지은이	백신영 · 유재호 · 박예희 · 이혜승
펴낸이	노 현
편 집	배근하
기획/마케팅	오치웅
표지디자인	이영경
제 작	고철민 · 조영환
펴낸곳	㈜ 피와이메이트 서울특별시 금천구 가산디지털2로 53 한라시그마밸리 210호(가산동) 등록 2014. 2. 12. 제2018-000080호
전 화	02)733-6771
f a x	02)736-4818
e-mail	pys@pybook.co.kr
homepage	www.pybook.co.kr
ISBN	979-11-6519-228-0 03370

copyright© 백신영 · 유재호 · 박예희 · 이혜승, 2022, Printed in Korea

정 가   18,000원